房市神秘客帶你
看穿不動產裡的詐

買房路上，你必須懂的31個人性陷阱

傅恪恩/著

讓買房成為幸福人生的快樂配方

王之杰

　　我跟本書作者認識，最初跟房地產一點關係也沒有。某個新的財經網站建立之初，正好想找一個仍在第一線工作的房地產專家，來聊聊業界裡的內幕趣事，這個機緣，促成「房市神秘客」專欄的開始。從第一線參與者出發的視角，出乎意料成就了一篇篇深受好評的流量爆文。

　　本書是作者十年多以來，所學所知的精華集結。透過第一手現場實戰，作者由淺至深，直接替房地產新手規畫出一套快速惡補房產知識的重點整理。內文從買賣談判桌聊到分產稅賦現場，相信從房地產小白到混跡江湖的老手，都可以在裡面各取一瓢飲。

　　我特別喜歡本書副題「人性陷阱」的說法。買賣的本質，其實是一場一場的博奕，標準的人性試煉場。房地產因為單價高，一般而言，必須靠舉債取得，等於預支未來的收入。因此交易起來得失心更重，對人性更是加倍考驗，很像是一面喜怒哀樂的人生照妖鏡。

　　書中第四部中的一個故事主角「玫雅」，就碰到類似的人生困境。未婚夫辛苦工作攢錢買房，但房子登記卻在其他家人名下。應該當作沒看見，婚後再解決？還是，該在婚前把醜話講清楚，楚河漢界切乾淨？一旦「親兄弟明算帳」，會不會被烙

印上「現實」的罵名？讓好不容易經營的愛情，產生永久難癒的疤痕？

但若不挑明，日後產生的糾紛、委屈，會不會更難收拾？本來對新婚生活的憧憬，跟產權不清的兩難一相撞，猶豫、困惑、拉扯，很容易就沖淡走上紅毯的喜悅，得在被迫進入的賭局中，選擇「命運」或「機會」，以決定自己的未來。

人生的這張牌桌，要做的選擇本來就不少，但房地產應該是難度最高的項目之一。如何讓買房這件事，成為幸福人生的快樂配方，而不是相互拖磨的負債，這不只是理財的功課，更是智慧的修練。這堂課，很難選修，對大多數的我們來說，應該都是必修課，逃都逃不掉。

藉由本書的獨特視角，讀者不只能夠學到不動產交易的方法，透過房地產這面鏡子以及別人的故事，對人生百味應會有更深的體會。下次碰到「房產大考驗」這道人生題時，相信本書的讀者應該比較容易 All Pass，推薦大家抽空仔細品讀。

（本文作者為今周刊研發長）

房子很貴,所以更該快樂買

林易萱

　　先說結論。看完這本書,我的房地產交易心結竟也跟著解開;最後不只笑著看完,更相信未來的某一天,我一定能快樂地買到自己的夢想宅。

　　收到傅恪恩邀約撰寫推薦序之前,我才剛剛經歷一輪看房、下斡旋、簽約⋯⋯最後卻沒買到房子的「心理戰」。那間房子,從格局到外型、從地段到屋齡,無一不符合我心中的想像。看房之後,我腦中甚至立刻就有裝潢畫面,人生從來沒有一刻這麼想負債(扛房貸)。

　　過程中,一個關鍵人物讓我們自願多次抬高出價。他,就是我們的房仲先生。

　　週六看完房子,我們向他表示想買。週日晚上,他帶著斡旋書橫跨一個台北市來找我們,因為該房仲採單一斡旋制,他動員整間店頭的同事幫我們搶第一。我們一旁看著,感覺他在搶的是五月天門票;一下斡旋馬上出動一組人跟屋主談價,花了4個小時沒談下來,隔天再戰4個小時!

　　最後,屋主因為家庭因素收手不賣,我很感謝房仲先生的努力,但心裡還是扼腕難過⋯⋯直到我收到傅恪恩的書稿。

　　書裡的這幾句,尤其抓我眼球:

　　「要知道,房仲東奔西跑地議價、促成買賣成交,是在工作

賺錢，那是要花時間精力成本的，不是在陪你玩扮家家酒。」

「如果你想讓買賣房子更順利一點，拜託！請挑選一個你願意相信的人。因為相信，你才會安心；因為相信，你才願意配合。」

傅恪恩從平易近人的故事和對話入手，一一拆解人們對房仲的迷思。對領死薪水的上班族來說，買賣房子和婚姻一樣是人生大事，挑房屋仲介就像挑另一半，沒有人可以跟你保證「He/She is the one」，你可以精挑細選，但別忘了房仲也在挑買／賣家。你怕被房仲騙，可說真的，房仲也怕被你最後的「只是問問」給「騙」走了寶貴的時間。

我們的房仲，雖然沒有傅恪恩書中最推的「有 10 到 15 年經歷」，但從物件價格的分析、對出價的建議到與賣方的交涉，無一不讓我們心服口服。他的態度誠懇與說話透明非常加分，但最關鍵的是，他的專業知識和實戰經驗，幫助我們調整了心中「房價到底貴、還是便宜」的這把尺。

看完傅恪恩的書，我釋懷了。雖然沒買到房，但我感謝主賜給我一位好房仲，在買房這樣「押身家」的事上，有一位值得信賴的夥伴何其重要！因為有他，我對未來買房之路一點都不擔心。如果你還覺得房仲和建商全都黑心，傅恪恩的書可以幫助你突破盲點，少一點恐懼、多一點巷子內的理解。

房子很貴，所以更該讓買房的過程變快樂；當錢變成自己喜歡的樣子，你心裡覺得值了，那就都值了。

（本文作者為商業周刊資深主編）

目錄
Contents

幼幼班

Part 1

新手必練基本功

小班

Part 2

看穿假便宜的挑選眼光

中
班

Part 3

談判桌上的議價眉角

大

班

Part 4

終生受用的買房觀念

進修班

Part 5

前車之鑑：房地產詐騙

大師班

Part 6

多懂就是多賺：房地產節稅

房地產入門磚：不要在人生最大筆投資面前，做一隻無頭蒼蠅

　　對大多數人來說，房地產最大的痛點是什麼？我個人認為是「資訊差」，簡言之就是一句「我懂你不懂」。由於房子是高價商品，除了業內人士或投資客，一般人很少能透過那少得可憐的買賣次數，直接用親身經驗累積對房地產買賣的了解；更別說其他關於繼承、節稅、權益等影響小至幾千塊、大至幾千萬的衍生性知識。

　　法律是不公平的，只保障懂它的人；房地產也是，它的紅利只給花時間了解它的人。這麼說吧！倘若買賣房產是大多數人這輩子最大的投資，我們到底有什麼資格不花時間精力去了解？倘若你曾經為了網購那幾百塊的優惠價差，精挑細選做了幾個小時的功課比價，那麼價值千萬的房地產買賣，又該投入多少時間去了解其中眉角才合理？

　　對於房地產，每個人都有自己的看法和期待，但我的主張一向鮮明：該買房還是該租房？有能力當然買，這有什麼好質疑的。放眼國際，房地產自古以來就是窮人翻身、有錢人資產翻倍的捷徑；就算不圖賺錢，在這個通膨飛漲的年代，也是安穩保本的最佳選擇。

　　說到這，我相信一定有人不服氣，「講得這麼簡單，我當然

想買，但房價這麼貴，買不起呀！」這樣說吧，台北的房價確實驚人，但問題是，「在台北買不起房」難道就等於在「台灣買不起房」？買不起大房，難道不能從小房先買起？如果沒有能力買房，就應該想辦法增加能力；如果錢不夠，不是想辦法開源就是節流。這不就是人生選擇任何一種追求的必經流程嗎？

財富這件事，本來就沒有公平，有人天生富爸媽加持，生來就是比一般人有本錢。你上班為了養家餬口繳帳單，人家上班為了打發時間交朋友。若你以凡人之姿學對方原地安逸過活，難道要等人潮散去，才願意面對自己徒留原地，而其他人早已大步前進？

人生路上，我非常喜歡一句話：「時間在哪裡，你的成就就會在哪裡。」身為一個務實派的人，我堅信花時間改變自己，遠比改變環境來得踏實。畢竟，人生翻轉契機，除了樂透就是學習。出一張嘴就能逆天改命的機運，只存活在話本裡，還得生來就是個主角命。一臉路人的我們，憑什麼？還不如老老實實洗把臉，打起精神繼續走下去。

人總是要面對，賺大錢這事，本就沒有一件是容易的，股票是這樣，房地產亦然。這年頭，你不願意花時間成本去搞懂該懂的，早晚會付出該付的代價，這個社會，沒有那麼多讓你天真爛漫以對的空間。

2015 年在商周財富網第一篇網路撰文至今，不知不覺已過了 6 個年頭，至今已獲得近 1000 萬人次瀏覽量的肯定。感謝方

智邀約，開啟這本書撰寫的契機，畢竟以我懶散的性子，要在沒有督促下完成這不急切的待辦任務，可能又不知是猴年馬月了。儘管疫情之下，2021年出乎預料的事情蜂擁而上，但慶幸在鞭策之下，書總算是趕在年尾誕生。老話一句，願大家都有收穫。

有些話得先說！本書閱讀指南

了解我的人就知道，本人在網路上秉持佛系原則經營，所以對於雜訊，我不喜歡花太多心力說清道明或做口舌之爭。畢竟，我始終堅信「人有跌倒」的權利，他想摔，你心善可以擋一、兩次，但多個幾次，你這就不是善，是賤。人可以行善，但不能犯賤。

如同多數人猜想，傅恪恩為筆名沒有錯。寫作這件事情我當興趣，既不圖名以用，就沒打算為此影響生活。

很多人喜歡問我為什麼那麼愛以故事形式撰文？其實起因於撰筆之初，朋友的一句「如果這些複雜的規定都能寫成故事，一定更好記」。會看網路文章的人，無非就是期待無痛增加有用的生活知識，講白了，愛看漫畫的總是比愛看教科書的多。所以，用字淺白及重點輕淺，我是故意為之，為的就是讓人過目即有印象，並留下一點有用的地產知識和觀念。

故事來源，我多以法院判例或親友案例為雛形，情節大幅刪頭去尾、加油添醋、改名換姓。畢竟我沒這麼傻，為了幾毛錢

的稿費，把別人的糟心事拿來統統攤在陽光下。就算當事人願意，我也是覺得不妥的。所以，拜託，如有雷同純屬虛構，請不要對號入座，我是不會認的，這也不是我費時撰文要跟你討論的重點。就如同馬克吐溫說過：「有時候真實比小說更加荒誕，因為虛構是在一定邏輯下進行的，而現實往往毫無邏輯可言。」

最後再次強調，寫書的目的是希望大家能培養對房地產的判斷能力。社會不是學校，很多事情不會有所謂的標準答案，也因此我必須直言，平時回答訊息或關於文中觀點，我提供的僅基於個人經驗及過去案例判斷下所能給出的最佳解。

就拿我一直宣導「買賣房子這件事，要學著把房仲當自己人」為例，難道我不知道天底下有所謂的滿口畫唬爛、專業度又不夠的黑心房仲嗎？我不只知道，還碰過不少。但樹大有枯枝，人多有白癡，哪個產業不是這樣？我遇過更多勤勤懇懇在工作崗位上默默努力的房仲，卻沒機會浮出水面，被人看到。今天如果為了吸引眼球，引導外行人把特例當慣例，他們除了逞口舌之能、宣洩後的爽快，還能學到些什麼？對日後買賣又有什麼幫助和成長？

我們不能因為無知，就覺得不懂的事情都叫騙；更不能因為怕麻煩，就覺得所有事情都能等碰到了再來面對。各行各業都有所謂的潛規則和滿滿前人的血淚教訓，本書除了房產見聞，特別整理了生活實用的相關法規，讓無經驗的人至少不容易遇事就變無頭蒼蠅，不知從何下手。願本書成為你房地產的入門

磚，能讓你少花點冤枉錢、少走些冤枉路。

　　最後，人生很難，希望我們都能一起前進。

幼幼班

Part 1

新手必練基本功

斡旋金

急！付了斡旋後不想買，
錢拿得回來嗎？

　　「我大伯看上一間房，屋主開價 1250 萬，所以他付了斡旋金 30 萬，出價 1000 萬。原本想說，價差 200 多萬應該買不到，誰知屋主居然願意賣，仲介也回報成交，雙方要再約時間出來簽買賣契約。大伯現在慌了，他其實沒真的確定要買，想問問看，後悔了怎麼辦？30 萬斡旋金還要得回來嗎？」

　　「我哥跟嫂嫂出門一趟，結果回家就說看中了一棟房子，還掏了 40 萬當那個什麼……斡旋金？我媽聽了都快氣瘋了，這麼大的事沒跟家裡人說，還莫名其妙就被仲介說服先付錢去談，這不是被騙是什麼？她怒火沖天堅持叫我哥什麼都別說，先去退錢回來再談！」

　　網路上付了斡旋後悔的人，說多不多說少不少，理由千奇百怪，但共通點就是講得很委屈，覺得自己沒想清楚，被騙了、後悔了、想拿錢回來；而且因為自己是涉世未深的無辜受害者，所以這錢要得理所當然。

於是，你就會看到各個帖子底下留言，網友同聲一氣指責房仲，以及各種天馬行空亂出主意，像是：

「斡旋金不是有審閱期？房仲合約一定沒讓你拿回家看，拿這個來凹凹看！」

「我之前付斡旋才幾萬塊，你居然付到幾十萬，一定是被坑了！」

「買賣不成錢照賺，屋主跟仲介真是聰明，呵呵。」

「傻瓜才付斡旋金，我都簽買賣要約書，不用付錢！」

房仲真的那麼黑嗎？付了斡旋金還要得回來嗎？本篇想聊聊，買房新手對斡旋金最常見的幾種誤會：

為什麼要付斡旋金？

簡單來說，斡旋金這個機制就是讓買賣雙方各自承擔部分責任與義務，不要別人辛苦了一場，你卻突然不買（賣）了。要知道，房仲東奔西跑地議價，促成買賣成交，是在工作賺錢，那是要花時間精力成本的，不是在陪你玩扮家家酒。

斡旋金只對房仲和屋主有好處？

錯！如果你不是抱著玩玩的心態付斡旋，這制度絕對是對三方都有好處。為什麼？因為斡旋金除了預防買方反悔，同時也是預防賣方反悔。當白紙黑字簽下，斡旋金轉為定金（斡旋轉

定）的同時，即推定買賣契約成立，不依照合約便須給付違約金，進而遏止雙方惡性違約。

同前例，如果今天這物件便宜，屋主剛同意透過 A 房仲賣大伯 1000 萬，但立刻消息走漏，B 房仲說有客戶可以出 1035 萬。屋主會不會賣？那就不一定，因為表面上多了 35 萬，但實際上，屋主卻得付違約金 30 萬，最後算下來只差 5 萬。所以有些屋主會嫌麻煩，而遵守原本的合約。

這也就是為什麼有時房仲會說，1、2 萬這種太少的斡旋金沒意思，因為被「破壞」的門檻太低，屋主幾乎是另有同業出好一點的價格，就會立刻琵琶別抱。

一定要付斡旋金，房仲才肯談嗎？

老實說，不付斡旋金，也有可能有房仲願意去談。雖然這種情形在房市好的時候幾乎不可能發生，但前幾年房市環境很差時，有些小房仲抱著有甚於無的心態，還是願意賭賭看。但整體而言，基於不願意做白工的心理，這種情況仍屬少見。

買賣要約書是什麼？

「要約書」本質上跟斡旋金是一樣的作用，並且各家房仲都應該告知買方，有這兩種選擇。要約書跟斡旋金最大的不同，就是不用先付錢給仲介業者。聽到不用付錢好棒棒？先別高興

得太早，因為一旦屋主點頭說要賣，若是買方反悔，屋主仍然可請求賠償。（通常是出價的 3%，所以金額一般比斡旋來得更高。）

斡旋金通常要付多少？

談這個問題前，大家要有一個概念，斡旋金並不是額外的款項，而是你出價款項的定金。也就是說，我要買 1000 萬的房子，付 30 萬斡旋談成後轉定金，那麼之後要付的款項就是這 1000 萬減 30 萬，等於 970 萬（以上數字先不算服務費等其他費用）。所以如果你確定要買房，那麼這 30 萬早付晚付都要付，並不是多付的金額。

那麼，斡旋金要付多少呢？一般來說，斡旋金金額不定，各家房仲業者也有不同的上限規範，但多為出價的 2%，或 10 萬元上下。

斡旋金太高，表示被仲介騙了嗎？

斡旋金到底要付多少，其實主要還是看個人。有些人覺得多出一點，屋主可以看見自己的誠意，願意降價；有些人則覺得少出一點，怕到時有其他決定。兩者各有優劣。

一般來說，1000 萬的房子，付個 10 萬的斡旋就可以了。我並不建議買方付太高的斡旋金，原因有三：

1. 倒楣碰到不肖業者，結果偷了斡旋金就跑路。
2. 大筆資金放在身邊，還是比放在別人那邊來的方便。
3. 比起斡旋金多寡，屋主更看重的是出價多少。

人家說有審閱期，為什麼仲介叫我簽放棄？

實務上來說，好的物件大家都在搶，所以房仲為了搶快跟屋主議價，確實會有希望買方當場把合約看仔細，不要再拖時間回家花個三、五天審閱的情形。（每家審閱期不一。）

但這裡要請大家記住一個重點，在審閱期內，慢慢地審閱合約細節是買方的權利。只要你有疑慮，寧可慢點簽字付斡旋，也別讓心裡有疙瘩，搞得不清不楚。頂多就是買不到物件而已，真的沒什麼。

斡旋金付了，拿得回來嗎？

錢拿不拿得回來，關鍵在於屋主簽字（斡旋轉定）了沒。斡旋轉定前，仲介應該無條件退還全額款項，沒有藉口；斡旋轉定後，合約成立，定金視同違約金，一般就拿不回來。

另外，專任委託有一種情況，是屋主簽委託時，事先已經勾選：斡旋只要收到底價，自動轉為定金。這種情況，只要買方出價簽斡旋且有達到屋主底價，那麼當下合約便已經成立。

我個人認為，斡旋之所以有那麼多的問題，除了少數黑心房

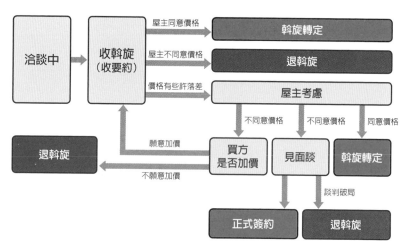

▲斡旋金流程圖

仲出來亂搞，大多還是民眾沒有正確的認知心態。簡單來說，你不能把買房子當小孩子扮家家酒，出價出好玩的。

要知道，白紙黑字皆有效力，丟斡旋就是有可能會成交，違約就是會罰錢！會罰錢！會罰錢！（很重要，講三次！）——這才是理所當然。實務上雖然有因為房仲業者或屋主比較好說話，而減少或不用給付違約金的情況，但都是特例，不應該視為正常情況。

再者，都已經是成年人了，還大筆亂揮，連自己簽下什麼都不知道；又或者同時 A 一家、B 一家地丟斡旋，等到成交不想買，要收違約金，再來嚷嚷房仲黑心、屋主貪心、自己無辜被騙云云。學小孩在地板上滾來滾去賴皮，有意思嗎？

畫重點

☑ 斡旋金是買價的一部分,並不是額外多付的款項。

☑ 只要還沒正式成交或斡旋轉定,買方隨時可以表示不買了,要求仲介退斡旋金。

為什麼每個房仲開發都說手上有買方，真的假的？

難得到台北找朋友，承翰受母親之命，趁著聚會結束，順道繞到目前沒人住的姥姥家，幫媽媽收個信，看看有沒有遺漏的水電帳單。

久未回來，華廈樓下一排的信箱裡，姥姥家的信箱倒也好認。對比其他信箱的整潔，自家信箱由於久未收信，廣告單早就被塞到快滿出來。

承翰拉出一張張塞在信箱裡的廣告傳單和信件，打算依照媽媽的囑咐，只把有用的信件帶回家。邊丟邊撿的同時，他的注意力被一封手寫的親投郵件給吸引。拆開信封，上頭寫著：

「親愛的屋主您好，我是○○房屋的小李，冒昧打擾您，非常抱歉。因為手上有買方非常喜歡貴社區的環境，直言價格不是問題，但由於這區釋出的物件真的不多，才想問問您是否有意願割愛……」

洋洋灑灑百來字的自介看起來還算誠懇，信紙下方附的名片

倒也看得出應該不是騙子，是一間聽過的房仲公司。

想起前陣子家裡對姥姥家處置的討論，承翰順手把信放進包裡，準備帶回去。

為什麼每個房仲都說：我的手上有買方？

想必大家都有這樣的經驗：打開信箱，除了最常見的廣告傳單，其中不乏房仲詢賣的開發信件。簡單一點的，可能就是一張制式的彩色印刷；用心一點的，可能多個信封，再加上店頭的成交戰績；再用心一點的，可能整封信都是親筆書寫、字跡工整娟秀，還附上美美的本人定裝照。

文情並茂的信件拿在手上，讓許多沒有想賣房的屋主忍不住心中暗喜，自家房子似乎頗有行情；更別說有意賣房的屋主，早打著算盤衡量這個房仲口中的「急迫買方」，是不是能出到心中想要的價碼。

但不管是怎樣的個人開發信，大多逃不掉一個套路，那就是：我們手上有買方，且急欲購入這附近的物件。

無獨有偶，許多要賣房的朋友也有過相同的經驗，就有人問過我：「為什麼每個房仲想要來簽委託，都說手上有買方，而且剛好也是短期內有急切需求。這到底真的假的，總不會都那麼巧吧？」

記得那時候我丟出兩個問題：「你覺得是真的還是假的？」以及「你最後有簽給那位手上『有買方』的房仲嗎？」對方的

回答也很直白,雖然理智判斷覺得應該是假的,但反正被騙沒有損失,而且也有可能是真的機會,所以最後還是有簽委託給對方。

房仲的無奈:沒有一個屋主想要聽實話

好了,那麼真相是什麼呢?這裡借用早年房仲給我的回覆,給大家參考:

「你問我,為什麼房仲總喜歡說自己手上有買方?當然是因為屋主愛聽呀!用腦袋想就知道,哪來那麼多買方偏偏都看上你家。

「你說屋主真的相信房仲說的話嗎?想也知道不可能,但台灣人就是有個奇怪的心態,寧可知道是假的被騙,也不要知道是真的沒有希望。」

喝了口水,那位房仲義憤填膺繼續說:「記得入行頭幾年,已經有點經驗也算上軌道,我就想過不要老是跟屋主勾心鬥角、騙來騙去,拋開學長姊的苦口婆心,試著跟屋主說說看真心話。

「『屋主您好,我想好的合作關係應該建立在誠信上,所以我不會學其他房仲,騙您說我有買方,但是我會把您家當我家來賣,替它找到好買方……』

「跟你說,不誇張!自從我開始說真話,三個月沒簽到半件委託,每一個屋主最後都簽給其他說手上有買方的同事或同

業。後來我看開了，改口不到一個月，果然又簽到委託。

「你說是屋主笨嗎？我說這就是人性！詐騙電話打來說你中了 100 萬，就算腦袋知道是假的，你還是會停下來多花兩分鐘，聽聽對方要講什麼，有沒有一絲半點機會自己真的就是個幸運兒，而這通電話就是翻身契機！所以你別說，房仲這樣說多愛騙人，這真的只能說，經驗和屋主教育房仲：台灣人就是易騙難教。」

有沒有房仲真的是手上有買方，再來開發？

當然，上面的例子是比較激進些。隨著認識的房仲越多，我後來也發現，許多房仲其實並不覺得自己口中的「我有買方」是假話。與其說他們是騙久了連自己都騙，倒不如說是定義上的不同。

你想，身為房仲，誰身上沒有個買方呢？不管幾房需求的買方，還是指定區域附近的買方，又或者是總價帶符合的買方……只要籠統定義，腦袋裡總是有符合條件的買方面孔。所以這句行銷話術從他們口中說出來，也常常是有血有肉、底氣十足；只是，未來價格出不出得到、配案精不精準，就不是能自行決定的事情了。所以，我們也可以說，「買方」是真的有，但可能不一定是屋主想像的那一種。

其實，說了那麼多，還是要說句中肯的話。既然是買賣，大家都真切一點。比起花時間探究行銷話術的真偽，倒不如好好

觀察房仲本人給你的感覺和回應問題的態度。畢竟，見面談、坐在你面前的買方，都有可能簽約一半跑了，這種嘴上買方，又有什麼好追根究柢的呢？

故事講到這裡，讓我收個尾吧。如果哪天你真的有機會，碰到房仲老實說「手上沒買方」還來簽委託，別遲疑了！現在肯花時間跟你解釋真話的房仲不多了，別再掐熄一個傻房仲想對客戶老實說的熱情。

畫重點

☑ 開發口中的有買方，真偽其實一點都不重要，簽委託時，你應該倚賴的是更可靠的當面直覺。

☑ 與其說房仲老是愛騙人，倒不如說所有互動都是養成的，想改變生態我們可以從自己先做起。

別家房仲才收 1% 服務費，
為何你居然跟我收到 2%？

　　春嬌最近很開心，因為工作的關係，認識了一位房地產界的朋友俊南，又剛好趕上機會，終於在年前買到了出社會多年的第一間房。

　　這間房子請俊南陪同一起見面談，條件符合自己的要求不說，重點是還便宜。春嬌查過實價登錄，俊南說成交價整整比行情便宜了快一成，讓她樂開了花，忍不住在過年的聚餐上暢談脫離無殼蝸牛的喜事。

　　一旁的表弟見春嬌滿臉得意，忍不住詢問：「服務費有再砍價嗎？付了幾％呢？」

　　春嬌搔了搔腦袋，伸出手指算了算：「我沒記錯的話，應該是 2％吧！」

　　聽到春嬌的回答，表弟愣了一下，隨便找個話題帶了過去，轉頭不禁就和老婆竊竊私語起來：「我記得我們買房時，房仲不是說買方最多收 1％嗎？難道表姊被坑了？」

本來，表弟想著房子都買了，潑人冷水不太好，不打算進一步詢問。哪知自己的老婆是個急性子，聽完就跑去跟春嬌說：「表姊，妳是不是被騙了，服務費買方不是都只收 1%，賣方收 4%，要不要去問清楚一點？」

　　春嬌畢竟是第一次買房，對於弟妹的好意，心裡雖然覺得有點晦氣，但更多的是怕真的被騙了而不自知。當下也只好強笑圓場，決定再去問個清楚。

服務費是買方收 1%，賣方收 4%？

　　1000 萬的房子收 1% 的服務費就是 10 萬，在貴鬆鬆的台北市房價裡，服務費隨隨便便都是六位數起跳，使得買賣方在簽約時，總千方百計希望能多砍一點服務費。

　　話雖如此，服務費到底有沒有公定價呢？

　　在實務上，「買方 1%，賣方 4%」或「買方 2%，賣方 4%」這兩種制度，在房仲公司是相對常見的，但大致都會提到「買賣雙方加起來不能超過 6%」。這是因為「不動產仲介經紀業報酬計收標準規定」第 1 項就明文規定：不動產經紀業或經紀人員經營仲介業務者，買賣之一方或雙方收取報酬之總額合計不得超過該不動產實際成交價金 6%。

　　所以，回到春嬌的例子，買房時被收 2% 的服務費其實並不罕見。

賣房子不收服務費，真那麼好康嗎？

聽到這，有些屋主就想問，「我當初賣房子簽委託的時候，房仲就說不收服務費，希望價錢能再實惠一點，我們家也才900萬的房子，就算買方給足2%好了，也才18萬，房仲分到手上的更少，那他賺什麼？還是說，這只是話術，其實費用會加到其他名目上而我不知道呢？」

其實，這點倒是不用太擔心，因為儘管減少了屋主方的服務費收入，但房仲往往會從另一頭買方身上拿回。誇張一點說明，原本買方2%、賣方4%，因為承諾了屋主不收服務費，所以今天就有可能變成買方收了6%的服務費。

聽到這裡，很多想買房子的朋友心裡可能忍不住驚呼：「服務費灌水這麼多，有天理嗎？這應該違法吧？」

但其實我們往上看剛剛的法條就可以知道，這種向單方面收取6%服務費的做法，是沒有問題的。因為法規上規定的從來都是買服加賣服不超過6%，並沒有說買方最高只能收幾%，或者賣方最高只能收幾%。

「但是這樣不合理吧？服務費都轉嫁在買方身上？這得多花多少錢呀！」就算法規沒問題，聽到這種說法的買房朋友，很多還是義憤填膺，覺得不公平。

但這裡，我想要分享一個我聽到覺得很有道理的觀念：所有服務費，都是買方出的。

比起服務費，你要計較的是「總價」

　　或許你很不服氣，想算給我聽，什麼叫都是買方出的，「1000 萬的房子，我原本只有多付 2％的服務費，總共是 1020 萬元；現在收 6％服務費，明明就硬生生讓我多付了 40 萬，差很多好嗎！」

　　但這樣舉例，你可能就會明白：老周的房子想要賣，雖然心裡想賣 1000 萬「實拿」，但抓上仲介服務費、土地增值稅及其他雜七雜八的費用，於是他跟房仲說開價 1200 萬，底價 1100 萬。但出來混就知道，開價是什麼？開價就是讓人砍的價格。經過一系列的帶看和議價，兩個月後，老周的房子已經被房仲盧到底價 1050 萬（此金額屋主尚須自行負擔土地增值稅及仲介服務費）。

延伸閱讀 ┃ 內行人小辭典

實拿：扣掉仲介費

拿清的：扣掉仲介費和稅費

（以上兩種用詞皆為實務口頭溝通，真的寫在合約上是會被地政局罰的。）

眼見房仲隔三岔五地盧小小，一下「買方很有誠意」，一下「哪個名嘴說房市要崩盤了」，還要繼續砍，老周驚恐地意識到，這樣下去恐怕城門不保，便直接跟房仲說白了：「我也不跟你囉嗦，我的底是 1000 萬實拿，你自己看著辦，沒有其他降價空間了。」

於是房仲就會回去算，這筆生意要多少服務費的「價格」，公司才能做——自然這個「價格」就是買方「買價加上服務費」的金額。

簡單來說，對屋主而言，服務費收得多，就把目標賣價調得高，所以服務費最後收多少，都不影響實際拿到手的金額。

同樣地，這個論述對買方而言，要懂的是：不要把服務費另外算，從一開始買房預算抓的購買總價，就是連同服務費的價格。本來就是要付出去的總金額，既然如此，名目是什麼其實就是其次。比起在那裡糾結升了 1% 服務費義憤填膺，或降了 1% 沾沾自喜，倒不如把這時間認真去看看「總價」對上「物件」是否合理或便宜。講白了，物件如果開高了幾百萬，就算不收你服務費，還是當了冤大頭呀！

服務費要在什麼時候砍？

雖然說簽斡旋或委託時，服務費基本上都已經標註會收多少，但相信大家最想問的，還是服務費該怎麼砍，什麼時候砍最有效？

原則上，見面談室裡簽約以前，議價中砍服務費還算是情理之中的做法。

很多人有一種扭曲的觀念：「你們拿這麼多，折一點服務費也是應該的吧？」喜歡等雙方價格談定，塵埃落定要簽約時，再來加一句「服務費我只願意出Ｘ％」，想要霸王硬上弓。其實這在仲介眼裡，是吃相很難看的。

為什麼？因為議價過程中，多少錢能收、收了買賣方能夠拿幾％服務費都是算出來的，你突然砍價，會讓房仲覺得「很奧客」，把他兩邊周旋磋商的辛苦給抹滅了，且也有可能因此服務費沒達到公司底價，而沒辦法做下去。

很多人搞不懂：房仲追求滿％天經地義

你說，房仲都奸詐滿口謊言，就是想要兩邊騙更高的服務費，明明可以成交的價格，只因為服務費想拿高一點，就故意說沒辦法做。

這種說法有趣的地方是：你有意識到房仲是一種「工作」嗎？他不是來陪你扮家家酒或立志當好人來積德行善的。很多人搞不懂：仲介收「服務費」本就天經地義，想要追求拿滿％也是理所當然，畢竟，這才是銷售商品的原價，才是買賣方一開始白紙黑字答應房仲的服務價格。

如果百貨公司沒有天天週年慶，那麼誰告訴我們，房子買賣服務費沒折扣就是傷天害理？總不能自己賺的錢就是辛苦錢，

別人賺的錢都是無良橫財吧？難道店頭不用給租金，水電不會收帳單，人事不用給薪水，中間配案都當交朋友，後續諮詢都當積陰德？

在抱怨房仲收太多前，請認真想想，你真的付錢了嗎？當你聽信專家說房子要看 100 間才能出手，前面那 99 間房，那些房仲服務你的時間：諮詢、建議、配案、分析、帶看……你付半毛錢了沒？有人說，房仲也沒什麼專業──但你知道買賣房屋也是特許行業，有不動產經紀營業員考試、不動產經紀人國家考試、公司也要繳交營業保證金，成功雖有令人稱羨的高額獎金，沒成功卻也有時薪比麥當勞還低的苦哈哈日子。

老是抱著別人「憑什麼」的錯誤心態，其實很不可取。如果認為別人的專業都不值錢，自己懂得夠多，不會遺漏細節也不會被詐騙，那麼真的請不要埋沒天分，親力親為多賺幾十萬，還是很划算的。

當然，講到這還是要告訴大家，雖然前面舉例舉得誇張，但到底仲介能夠收多少服務費，主要還是看案子好不好，而不是仲介堅不堅持，畢竟價格始終還是會回到市場機制。

一個物件，如果每家仲介都能夠在三天內找到買方出到屋主要的價，自然對屋主來說，給誰賣都一樣，除非是專任委託白紙黑字，規定只能給一家賣，否則人性一定是轉頭就找收更少的；相反地，如果情況是這棟房子賣了整整一年還是賣不掉，今天某家房仲終於找到一個出得到價格的買方，你說他會不會覺得堅持跟屋主收滿％服務費，堅持得理所當然呢？

（一）不動產經紀業或經紀人員經營仲介業務者，其向買賣或租賃之一方或雙方收取報酬之總額合計不得超過該不動產實際成交價金 6% 或 1 個半月之租金。

（二）前述報酬標準為收費之最高上限，並非主管機關規定之固定收費比率，經紀業或經紀人員仍應本於自由市場公平競爭原則個別訂定明確之收費標準，且不得有聯合壟斷、欺罔或顯失公平之行為。

（三）本項報酬標準應提供仲介服務之項目，不得少於內政部頒「不動產說明書應記載事項」所訂之範圍，不包括「租賃」案件。

（四）經紀業或經紀人員應將所欲收取報酬標準及買賣或租賃一方或雙方之比率，記載於房地產委託銷售契約書、要約書，或租賃委託契約書、要約書，俾使買賣或租賃雙方事先充分瞭解。

- -

畫重點

☑ 服務費的規範是買賣雙方加總不能超過 6%，並沒有買方或賣方一定收幾%。

☑ 房仲追求服務費收取滿%，是理所當然的事，這一直都是他的工作，只是你忘記了。

不是本人，
怎麼可以調我家土地謄本？

「叮咚！」一聲電鈴，劃破午後公寓的寂靜。

俊鴻透過貓眼，發現門口來了兩個看起來像是外地人的西裝筆挺客人。原以為是想要推銷什麼，沒想到開門一問，對方道出來意，竟是希望自己能簽下委託，讓他們賣位在台北老家的房子。

俊鴻心想，雖然自己確實因為要處理父母的遺產，最近才剛在老家陽台張貼「自售，房仲勿擾」的字樣。但上面一沒留屋主姓名，二沒留自己實際住所，房仲又是怎麼千里迢迢來到嘉義，找到自己就是房子的新屋主呢？

抱著滿腹疑惑，以及看在對方跑那麼遠來的分上，俊鴻還是讓房仲入內詳談。不過，他也開門見山向房仲直言：「委託可以等等再談，先說說為什麼你們會有我家地址吧……」

為什麼房仲那麼厲害，都找得到屋主？

相信很多被房仲開發過的屋主，心裡都有過疑惑：「為什麼房仲這麼厲害，可以找得到我住在哪裡？難不成，他們用了什麼非法手段買個資？」

其實，這個問題的答案很簡單，那就是「調謄本」。房仲直接去地政機關調地籍謄本，上面就會有所有權人的住址。

講到這裡，可能很多人會相當震驚，「調謄本？不是本人才可以調嗎，為什麼他們可以調我家謄本？這樣沒有違法嗎？」

關於地籍謄本，你該知道的事

1. 其實一般人也可以調謄本，並不只限本人

地籍謄本可分為三類，包括：所有權人可以申請完整資料的「第一類地籍謄本」；每個人都可以申請的「第二類地籍謄本」；利害關係人可以申請的「第三類地籍謄本」。

根據類別，上面揭露的訊息也不同。一般來說，房仲申請的就是第二類地籍謄本。

至於，為什麼我家的第二類謄本，人人都能申請呢？

這其實是基於立法目的，為了促進土地開發利用及交易安全，減少資訊不透明造成的交易紛爭和詐騙。正是因為人人都能確認謄本上的所有權人資訊，在買賣過程中就不會有所謂的張冠李戴，或者出現你說「這是你的房」、我說「這是我的

房」，買方不知道該相信誰的困擾。

登記制度讓大家信賴地政機關謄本上登記的所有權人，就可以安心買賣。

其實房仲會去調謄本，早就是行之有年的事。一來透過謄本做不動產說明書的內容，二來房屋的一些相關情況（例如預告登記、抵押權……）、稅費估算等都要靠謄本看出端倪，當然找上門開發屋主也是其中一項，但這是比較受爭議的做法。

2. 連地政事務所都不用去，就能調謄本

以台北市為例，目前申請謄本有下列管道：

①**臨櫃申請**：可至本市任一地政事務所或地政便民工作站申請紙張謄本。

②**網路申請**：紙張謄本可透過「市民服務大平台」申請；電子謄本可至「網路申領電子謄本網站」或「北北桃地政資訊網路 e 點通」申請。

③**通信申請**：將謄本申請書、足額規費及郵資一併寄送至本市任一地政事務所申請，並在信封正面左上角註明「通信申請地籍謄本及相關資料」字樣（僅第二類登記謄本適用）。

④**傳真申請**：將謄本申請書傳真本市任一地政事務所申請，領件時再行繳費（第三類登記謄本及地價謄本不受理傳真申請）。

登記謄本和地價謄本、地籍圖謄本、建物測量成果圖謄本一樣，電腦列印每張 20 元。另外，如果你會操作，有些連地政

局都不用去，巷口 7-11 等四大超商就可以列印。

3.謄本「所有權部」上會有所有權人的住址（* 參見本篇延伸閱讀圖例）

談到地址，很多人會對隱私洩漏有所質疑，但其實現在的第二類謄本呈現資料已經調整過了，很多資料在 104 年 2 月 2 日新制實施後，隱藏起來了。舉例來說，像是「姓名」舊制會全部顯示，但新制只顯示姓名的第一個字，例如「李大明」就變成「李＊＊」。

至於「地址」的部分，雖然跟舊制相同會完整顯示，但新制

「新制三類謄本」新制實施前後對照表				
謄本類型	實施前		實施後	
第一類	顯示登記名義人全部登記資料		顯示登記名義人全部登記資料	
第二類	顯示	登記名義人之完整姓名、住址	顯示	登記名義人部分姓名、部分統一編號及完整住址
	隱匿	登記名義人之出生日期、統一編號	隱匿	登記名義人之出生日期、部分姓名、部分統一編號、債務人及債務額比例、設定義務人及其他依法令規定需隱匿之資料
第三類			顯示	登記名義人之完整姓名、住址
			隱匿	登記名義人之出生日期、統一編號

▲新制三類謄本申請資格，第一、二類維持舊制，而第三類謄本申請人須為：登記名義人或具有法律上通知義務或權利義務得喪變更關係之利害關係人。

實施後，可選擇向地政機關申請隱匿部分地址，只顯示至段、路、街、道或前六個中文字為止。因此，如果你真的很在意別人知道住址，其實去申請隱匿就可以了。

怎麼申請隱匿住址？

如果你想將自己的第二類謄本中的住址隱匿，需要檢附的文件為：申請書及身分證明文件（有照片之證件）。申請方式也很簡單，直接到土地所在地之地政事務所辦理（跨縣市辦理亦可），或者透過自然人憑證至內政部全國線上申辦系統，直接向資料管轄機關申請。

延伸閱讀 | 土地、建物登記謄本 vs. 所有權狀有何不同？

很多人買賣時，搞不清楚從代書那邊拿到的謄本和所有權狀的差別。簡單來說，前者就是登記資料的標示、所有權及他項權利等相關事項，予以抄錄供民眾申請，並且不限份數，所以丟了沒有所謂的補發，有需要就再重新申請；而後者是登記完竣後發給權利人的憑證，每一個權利人僅核發一張權狀，不是土地、建物權利人不能申請補發或換給。如 44 頁圖所示，登記謄本顯示的資料，比權狀記載內容詳細許多。

所有權人的住址

畫重點

☑ 地籍謄本除了本人以外，其他人也能「合法」申請，差別在於可以看多少內容而已。

☑ 謄本和所有權狀不一樣！謄本是最新的權利狀態，一次可以申請好幾份；所有權狀是當時登記完畢的權利憑證，就只有所有權人能申請一張。

怎樣才能讓銀行
給我最高的成數？

「下星期六，大家一起來我新家玩吧！」樂威最近新宅入手，呼朋招友來家中一起踩踩人氣、熱鬧熱鬧。

畢竟是件大喜事，房子又在蛋黃區，加上樂威算是三字頭同學裡早買房的，讓一票也為房事發愁的朋友們，除了好奇樂威的買房資金哪來的，也打定主意來看看新房，向他討教買房的經驗。

於是星期六當天，一票住在台北的老同學，比同學會還難得地齊聚一堂，攜禮帶物到樂威家做客。

輪流參觀完樂威的新家，大夥看著特別請設計師規畫的新房布置，不禁一致流露出羨慕的神情。

「天呀！這房子花了不少錢吧？」

「你總共貸款了多少？」

「現在銀行一般成數給幾成呢？」

嗑著瓜子閒話家常，對於老同學滔滔不絕的問題，樂威回答

得倒也大方。

原來，這間房子總共買了將近 3000 萬，加上不是新房子，重新裝潢也差不多花了 300 萬，而貸款的部分，這次總共借了 1000 萬。至於大家最好奇的錢從哪裡來？樂威只笑笑地說，自己有存了一些，當然，家裡也贊助了一部分。

聽到關鍵字，大夥頓時眼神一閃心照不宣，而樂威見大家一副「原來如此」的神情，也忍不住慌忙補充，雖然家裡有幫忙，但自己可是有在貸款上做足功課，請教過大師的。

做錯這些事，難怪貸款成數這麼差！

1. 收入高 ≠ 借款成數高

樂威表示，借房貸最常有的迷思是「我收入這麼高，怎麼可能借不到錢」，但事實是銀行因為主要在賺長久的利息錢，所以更看重的是你戶頭裡有沒有穩定、持續的收入；也因此，如果像是夜市擺攤，沒有 401 報表或扣繳憑單這種狀況，銀行就會給得有所遲疑或折扣。而像是業務性質的工作，底薪少、獎金多但不固定，也屬於同樣的情形。

2. 存百萬當短期 VIP 過時了

講到這，同學 A 忍不住插話：「不是說，只要買房前一、兩個月，找家銀行放個幾百萬，就能當 VIP，有好成數嗎？等借到錢，再把戶頭的錢拿出來就好了。」樂威笑著搖了搖頭，

「以前這方法還行，但現在銀行也沒這麼傻，主要還是看你的銀行存款積數（每日存款餘額加總）和信用狀況。」

3. 只繳「最低應繳」不算有繳

「譬如，前陣子不就有個 YouTuber 拍片說買房成數貸不到，一查之下才發現是刷卡習慣惹的禍。原來，那對網紅夫妻雖然都有乖乖繳卡費，但繳的都是『最低應繳』；本想說可以讓錢有其他更大的投資效用，沒想到銀行聯徵一調，信用分數低得可憐。」

見樂威說得頭頭是道，明年準備買婚房的同學 B 也忍不住丟出堆在心裡的一大串問題，「那怎麼做才能有比較好的成數？」「你有推薦的銀行嗎？」「經營認識的放款專員有沒有用？」

哪一間銀行的貸款成數比較好？

樂威也不急，喝了口茶接著說：「我認為關鍵還是多問、多比較。雖然主要往來的銀行條件會好一點，但其實每家銀行放款的優惠對象都不一樣，像是台銀有針對公教人員的築巢優利貸，三商美邦有針對固定薪年收入 60 萬以上的菁英方案，台新對自營商相對友善，其他家也有針對小坪數的物件特別經營，以及千大企業員工貸款等。想找到最優惠的條件，就不能死守一家，並留意每家的最新方案。

「至於要不要經營放款專員，如果只是自住買房，這部分是還好。主要是，放款專員的承諾僅供參考，因為他們並不能決定最後能放多少錢，最終還是要看申請後核下來的數字，才是真的能貸到的金額。」

房貸可以問，但最忌每家都申請

「那是每家都去申請，再來比較哪家條件最好嗎？」同學 B 追問。

「可以問，但千萬不要傻傻的每家都提供資料去辦（調聯徵查詢）！」樂威見同學一臉困惑，補充道：「申請房貸有兩、三家銀行去查你的聯徵是很正常的，但如果數字一多起來，聯徵中心的立場就會覺得，『不對呀！這人若信用沒問題，早該貸好了，怎麼還有五、六、七、八、九家銀行，一次又一次來查他的信用狀況？合理懷疑，這個人的實際信用有問題。』所以，接下來就容易越問越差。

「總之，房貸想要貸好貸滿，就是四步驟：養好信用、查好資料、問好狀況、挑有把握的去申請，基本上結果都不會太差。」

畫重點

☑ 信用卡帳單習慣只繳「最低應繳」，別怪銀行覺得你信用差！

☑ 貸款成數可以多詢問幾家銀行，但可別傻呼呼地每一家都申請看看。

有經驗 vs. 有熱忱，
老房仲和新手房仲該選誰？

看著疫情後的房市熱潮和台股像嗑藥般狂飆，身邊充滿台股泡沫化的揣測，加上哪天會崩的不安定感，讓文雄下定決心要趁早把股市賺來的錢放在房地產上，保一個安穩。

文雄是做事爽快的人，花了一天想通，隔天下班就來到家附近的房仲店面，心想：「腦袋裡買房問題想得千萬遍多，也比不上實務走一回。我就從現在開始看房子，等到看過的物件破百，總是能窺出心得及技巧。」

雖說如此，當過幾次櫥窗客，文雄就發現了現實的問題。只要在店面前站得久，總是會有房仲出來招待，但是一旦表態沒有要「立刻下手」，最後幾乎都是由新人負責接待。

這讓文雄有點氣餒，他始終覺得，挑房仲還是要挑有經驗的比較好。讓新手房仲服務，有一種陪他練兵的感覺，但又怕自己經驗太淺，被資深房仲彎彎繞繞的滿口話術給騙了怎麼辦？

投資客看房仲：經歷 10 到 15 年的最好

挑房仲到底該找年輕的還是老的？投資客阿東對我說過下面這番話：

「剛踏進房地產投資的時候，我也覺得要找老房仲，原因無他，看起來就比較有經驗，懂得多的樣子，讓自覺了解不多的我，覺得起碼有個老手可依靠。

「但後來自己幹了幾單，買賣的經驗值拉上來後，漸漸就覺得老人話術太多了，有些又習慣狗眼看人低，對自己判斷不夠 A 的客戶（編按：指容易成交、有行情觀的客戶）愛理不睬的。特別是有些在社會上打滾太久、太油條，讓我搞不清楚他到底說真的還假的，覺得這樣演心很累，轉頭覺得新人也挺好的。

「新人雖笨，至少有三點不錯。首先，菜鳥房仲被市場汙染得不夠久，所以小動作比較少；再來，因為手上老客戶比較少，所以他們也不挑客戶，對每個機會都比較積極；最後，因為經歷不夠多，所以他們不會演，就算真的想演、想騙，也是一眼就能被你看穿的演技。

「然而投資幾年後，現在的我不這樣想了。如果人家問我要挑房仲，要資深的還是資淺的？我現在會覺得是做了 10 到 15 年經歷的房仲最好。怎麼說？

「資淺的房仲根本是我教他！很簡單，他經驗沒我多、法條沒我熟、市場沒我懂，你說教菜鳥就罷了，偏偏新手最大的問題就是——到處有人要下指導棋。

「這頭你剛教完，那頭他回店頭被學長姊教一教，又想拿那一套來演給你看。若我還是什麼都不懂的新手自住客也就罷了，我們這種老資歷，怎麼耐得起這種拙劣演技？

「至於超資深老房仲嘛！通常分兩種，一種是真的厲害，自己手上也在玩；另一方面他們客戶也多，對於投資客也是有本錢跩，所以你想多要點什麼，他也懶得理你。

「另一種幹了 2、30 年，還在第一線當業務，這種基本上也是沒用。你想，房仲若是幹得好，10 年的時間不是往上爬到一定高度，就是自己帶著本領出去做，賺更多。畢竟有能力，誰會在基層待那麼久？

「這些老人有些是當年連房仲資格都不用考，一路走來新法規也跟不上，更別提其他的衍生專業知識：危老？都更？分割？補登……這些年就靠著一張老臉，專吃那些愛挑『房仲看起來越成熟穩重越好』的客人。

「所以掐頭去尾，到頭來實測，我個人覺得 10 到 15 年資歷的房仲最好。該懂的都懂，社會歷練、處事圓滑度也夠，肯待到這年頭，業績肯定也是好的，知道客戶要什麼，配案精準不浪費彼此的時間。」

投資客：賣房子就是要簽給業績好的店

講完了怎麼挑房仲，阿東講到興頭，乾脆連「該如何挑店頭」一起補充觀察心得。

「我跟你說，簽委託就是要找那一區業績做得最好的店頭！什麼？你說這是膚淺，店頭裡都是強人，自然成交機率高？但其實沒你想得這麼簡單，這裡面是有邏輯的。

「你想，一個店頭的氛圍好，銷售氣氛強，裡面的業務自然也容易做得好，為什麼？置身其中想想，今天就算我是個菜鳥業務，店裡早上 A 學長簽約，晚上 B 學姊點燈，這種『成交是理所當然』的氛圍，自然會讓人覺得成交不是難事，且現在市場就是這麼好。

「說服了自己，自然而然也等於說服了客戶，畢竟站在菜鳥業務視角，這樣的現況是我親眼所見，實打實的真相，更不用說佐證案例都是身邊信手拈來。

「同樣地，如果你找的是一家死氣沉沉的店頭，業務就算想推客戶同樣的訴求，但心裡還是知道自己是『演的』，不踏實，結案力道自然就弱！」

練習把房仲當隊友，而不是敵人

不論買房還是賣房，很多房市新手浮現的第一個困惑，就是：「房仲這麼多，到底該找誰來幫我服務？」「到底該怎麼挑選房仲？」

舉凡有人問這個問題，我的建議只有一個：請簽給你看得順眼，且願意相信的人。

挑房仲這種事，老鳥有老鳥的好，菜鳥也有菜鳥的優，且把

心自問，大多數剛踏入房地產的懵懂新手時期，我們也只是以貌取人，憑感覺在挑人而已。所以重點在於，如果你想讓買賣房子更順利一點，拜託！請挑選一個你願意相信的人。

因為相信，你才會安心；因為相信，你才願意配合。

請記住，買賣房子這件事要順利，就要讓房仲為你所用，而不是把他們當作敵人，整天想著上演諜對諜大戲或扯對方後腿。畢竟，沒有信任度的買賣，就算成交再怎麼便宜，你都只會得到疑神疑鬼，覺得自己哪裡被騙的結局。

畫重點

☑ 選擇房仲不用執著於「挑老人」或「選菜鳥」，每個人適合的類型，其實都不一樣。

☑ 挑房仲請簽給你看得順眼且願意相信的人，因為唯有信任，他才能夠成為你買房的助力。

小班

Part 2

看穿假便宜的
挑選眼光

買舊不如買新？
「房價倒掛」是什麼？

　　如果有能力買房子，你會選擇買新房子，還是中古屋？事實上，隨著台灣屋齡老化的現象日益嚴重，年輕人想要在雙北買房子，如果還想挑地點精華一點的，中古屋往往是順理成章的選擇。

　　說白了，也很簡單。不是年輕人喜好特別，而是 30 歲前的年輕人，若沒出手大方的爸媽可以靠，口袋預算就擺在那。40 歲前能靠自己入手一間 1000 ～ 2000 萬的房子，都得扎扎實實地讚一聲「年輕有為」。

為什麼北部人那麼愛買老房子？

　　新房子在市區的價位有多高？這麼說吧！就算你想說我只是一個人住，但可能不到 10 坪的小套房就接近 1000 萬，更別說為了結婚、生子等考量買房，怎麼可能全家人只住一間小套

房。隨便兩房一廳好了，這空間、這坪數、這地點，回頭對比一下同樣預算 30～40 年的老公寓、華廈，親自走一趟比較幾間下來，就算你一開始打著想買新房子的初衷，經歷市場現實的洗禮之後，也頓時品出了幾分老房子的可愛，自我說服：

「好像……也沒有一定要挑新房子嘛！台北市哪條精華區不是 40～50 年老華廈佇立，就算內部屋況不好，把價差挪一些給室內裝潢，規畫一下，似乎也是個有模有樣的好選擇。」

所以我常說，外地人不懂，為什麼雙北人願意花那麼多錢買年紀比自己還大的老公寓，不是北部人眼光獨特、懷舊，而是洋洋灑灑條件比下來，老公寓「俗夠大碗」、CP 值高呀！

買舊不如買新？「房價倒掛」是什麼？

體察市場買方基於預算考量，退而求其次的窘迫，從幾年前開始，預售屋冒出了一個應運而生的銷售名詞，也就是本篇要談的「房價倒掛」。

什麼是房價倒掛？簡單翻譯就是新房子的單價比舊房子還便宜。這讓許多準備買房的年輕人彷彿從谷底看到了一線曙光，連新房也願意自砍價格，這個喜訊不就表示，他們不用再苦苦於低價與新舊之間掙扎，反正買新房子反而比舊房子更便宜？

儘管有人忙著高興，但也有人不免疑惑：真的還假的！新房子會比舊房子還便宜嗎？

回溯房價倒掛這詞，在媒體新聞竄起大約是在 2018 年前後。

由於當時房市看壞，更讓人有一種「連新房子也要砍得比中古屋低才賣得掉的錯覺」。

房價倒掛分兩種：預售、中古屋比一比

那麼，新房比舊房便宜，這個看似不合理的情況，又是怎麼一回事？攤開來說，撇除少數新聞把鄉間野地拿來跟捷運旁精華區房價攀比，騙外地人有多划算這種，房價倒掛通常可以分成兩種：一種是中古屋，一種是預售屋。

前者，是新房子和老房子比，可能是同樣坪數，一間剛蓋好1～2年的新房子，卻比旁邊30～40年的中古屋還要便宜。外行人一看多半想，既然新、坪數又一樣，就算是笨蛋也知道該選哪一種吧？殊不知，這種便宜還真的要想清楚。其實說穿了也不難懂，因為新房子的坪數越蓋越「不實在」。

如同前面說的，為什麼那麼多人喜歡買老房子，不是因為喜歡老房子的破舊感，原因多半是出在：同樣的價格，老物件沒有那麼多公設，所以屋主能使用的實際坪數往往比新物件多出很多。而新物件由於2005年7月1日後，《建築技術規則建築設計施工編》第95條修正的關係，公設比30%起跳算是基本；誇張點的，偶爾還能飆到近40%！這樣算下來，就算總坪數一樣，你真的賺到了多少？

第二種情況，可能是3～5年的新成屋跟剛蓋好的預售屋比價。為什麼後面才蓋好的那批預售屋，可能會比前面蓋好的便

宜？其實也不奇怪，因為預售屋在賣，如果時間拖得久，本來就會考量當下市場行情做調整。

譬如，建商已把本錢賺回來，如果只剩餘屋要出清物件，那麼價格自然願意讓利。更別說，在 2021 年實價登錄 2.0 還沒上路的前幾年，炒作紅單（預售屋購屋預約單）買賣正夯，造成一些無腦跟風的投資客小白，一開始抱著閉眼睛都賺的心情跟著人群上車，卻眼見逼近兩年還沒法賣掉，急了！自己根本沒有繳本金的能力呀！於是頂著急售的壓力，自然也會造成價格上的折讓。

房價倒掛的便宜，到底能不能撿？

話說回來，這波房價倒掛的便宜到底能不能撿呢？

第一種公設比的情況我們不多置喙，畢竟公設值不值得，真的是個人喜好。夏天游泳池、冬天三溫暖房、晴天日曬玻璃屋、雨天室內健身房……倘若錢花得符合需求，其實，這種生活也挺美的。

至於第二種情況呢？這樣說吧！預售屋的好處就是，新案貸款成數高，付款方式對年輕人也相對輕鬆，且房子年齡就擺在那，整體建造因應最新法規與時俱進，安全完整性還是比較高。壞處則是，空間小、轉手競爭性高、一切還在建構中，未來模樣符不符合期待？環境有沒有意外的驚喜（例如，隔壁出現更高、遮擋視野的新建物）？仍待時間驗證。

事實上，舉凡新手買房問上一句「能不能買？」，我都會強調一件事：你的口袋深度在哪裡，挑選的必要條件在哪裡，你可以買的物件就在哪裡。

出什麼樣的價碼，入手什麼樣的貨色。樣樣都好的物件，肯定不是一般人買得起的，畢竟有學區、公設比低、環境好、近捷運、價錢便宜、24 小時管理員，甚至賣屋時還能賺一手……這些條件誰不想要？但只有 100 萬的口袋，就不能老掛念著 1 億的房。

同理，套在預售屋上，如果你偏好新房子，空間需求不大，也沒有短期內賣房折售的不確定性，買了房能夠自住而不被房市波動影響，那麼價格便宜，有什麼理由不能買？

畫重點

☑ 想要比便宜，標的物的條件就得列清楚，不要拿蘋果比鳳梨，沒意義。

☑ 只有 100 萬的口袋，就不要老掛念著 1 億的房！口袋深度加上需求，決定你能買的物件在哪裡。

違法超貸

零頭期款買房
還送你裝潢錢，
「超貸」真有這麼好？

　　20 年期、40 年期……房貸償還年限的選擇越來越久，對於一般月薪 2 ～ 3 萬的上班族來說，買房的首要門檻，還是那筆一開始就要拿出來的頭期款。以台北 1000 萬以內的房子為例，貸款個 7、8 成，自備款大概 100 ～ 200 萬左右，雖然說不是個不可能的數字，但對大部分想買房又沒有富爸媽金援的上班族來說，確實是沉重的負擔。

　　「想買房，可是手上沒錢怎麼辦？」於是有人就把歪腦筋打到了其他投機的辦法：既然頭期款要攢很久，有沒有可能讓銀行貸款額度再高一些，讓買房不用付那麼多頭期款，甚至根本不用付頭期款就可以買呢？

　　於是約莫從 2017 年開始，「零元買房」，打著買房不用準備頭期款，甚至連裝潢錢都替你準備好的相關課程廣告，在網路上鋪天蓋地席捲而來。誘人的廣告詞包裹著人性的貪婪，拐著一隻隻對房地產不了解，卻又充滿憧憬的小羔羊接二連三、

爭先恐後地跳入火坑。

其實，這就是坊間最常聽到的名詞——「超貸」。所謂的超貸手法，簡單說就是把成交價格墊高，讓貸款金額超過房屋真實成交金額。

超貸為什麼讓人前仆後繼？

舉例來說，原本 500 萬成交的房子，合約上寫成 750 萬，當銀行要評估房子的可貸成數時，判斷定錨點就可能從 500 萬元的 7 成，轉為 750 萬元的 7 成——也就是 525 萬元。

這一來一往，買方不但拿著銀行的錢原原本本地付給賣方，不用自掏腰包準備頭期款，剩下多借出來的 25 萬，還可以用在裝潢或其他費用上。聽到這裡，就覺得「天呀，這也太棒了」？不不不，還沒完。

今天，我身為新屋主，幾年後要賣房子，如果講點仁義，只賣個 700 萬，那從買方視角會怎麼想？「天呀！屋主賠錢賣房呀！」對比市場上遍地屋主，賣價總是要比買價高個幾成撈一筆，市場這麼好的情況下，這年頭哪來這麼個肯虧錢售屋的笨屋主？這便宜，我撿了！

於是，儘管舊屋主實際是 500 萬賣 700 萬，但道行淺的新買家還是自覺撿了便宜，買得開心不已。並且，也因為舊屋主帳上顯示最後是「賠錢賣」，所以稅費什麼的，都和正常價不能相比。

聽到這，你是不是也覺得有點心動呢？以下，容我先講個前幾年的故事吧！

超貸條件反成詐騙誘餌

一個建商急著丟出手上的物件，宣稱剩下最後一間，為求資金周轉願意便宜賣，周邊平均 90 萬的行情，硬是砍到 82 萬。而且重點是，願意配合做價格（高估房屋價格的「假契約」），讓買方只要付 5% 的自備款，就可以貸 9 成 5 買到房子。

對買方來說，這樣的「高額貸」，一來減少了短期大筆資金給付的壓力；再來，由於實價登錄的價格比實際購入金額高，將來售屋時繳納的房地合一稅也勢必會減少，甚至還有可能因此不用繳。

拋出這樣的誘因，果不其然沒幾天就有買家上門，雙方談好價格，簽好合約。因為數字作假的關係，所以建商也建議款項不進履約保證專戶。

一開始，買家真的是歡天喜地想著自己撿到便宜。畢竟，沒有多調資金的障礙，而且價錢也真的不錯。但他沒想到，這樣的喜悅沒維持多久，過戶的前幾日，卻晴天霹靂打下一道雷——房子被查封了。

建商因為宣告破產，所以產權尚未過戶的房子，馬上被法院查封。而買家付出去的 5% 頭期款 200 多萬，也早就不知道被建商帶著跑路到哪，讓他只能欲哭無淚。

做假契約超貸，可能害你揹上這些罪名

市場上的超貸案例形形色色，有些是雙方合意，一方想著「不貸白不貸」，另一方想說給對方行個方便，對自己應該無傷大雅；有些則是惡意設局，打從一開始偽造文書，就是要騙銀行的錢；或者當個由頭，坑上貪小便宜的買方一筆跑路費。

不管你是哪一種，無知還是惡意，這裡要說的是「天下沒有白吃的午餐」，做假契約超貸這件事不但違法，以假契約高估房價，也可能會害你揹上詐欺、偽造文書、使公務人員登載不實等罪名。

《刑法》第 339 條第 1 項：意圖為自己或第三人不法之所有，以詐術使人將本人或第三人之物交付者，處 5 年以下有期徒刑、拘役或科或併科 50 萬元以下罰金。

《刑法》第 210 條：偽造、變造私文書，足以生損害於公眾或他人者，處 5 年以下有期徒刑。

《刑法》第 214 條：明知為不實之事項，而使公務員登載於職務上所掌之公文書，足以生損害於公眾或他人者，處 3 年以下有期徒刑、拘役或 1 萬 5 千元以下罰金。

比起揹上刑事罪名，你該懂的潛藏風險

房地產買賣裡，除了假契約超貸，有各式各樣為了填補購屋族口袋不夠深而推出的買房優惠，但不管是建商推出的「零首

付」（銀行貸不到的成數，剩下的建商借給你），還是銀行推出的「8 加 1 房貸」（銀行借你 8 成房貸、1 成信貸），在這裡我還是要對購屋小白提出警告。

超貸最大的風險是什麼？是被有心人士順手利用，還是被抓判刑，登上報章媒體揮手「媽，我在這裡」？我個人認為，少數因利益分贓不均而爆出來的案例雖然是個警示，但隱藏在後面的最大未爆彈，還是在於壞風氣養出越來越多財務鋼索上的新手賭徒。

追根究柢，為什麼會想利用各種手段多借錢？說穿了，一般人就是自有資金不夠多嘛！但問題是，有錢人也許一時看偏了，還能靠著口袋沒動的銀彈輕鬆過橋；但如果是一般口袋不深，連頭期款都沒湊足，領死薪水的上班族呢？

今天你抱著房市會漲、薪水會加、寬限期會延長、船到橋頭自然直的精神，「以後的事以後再說」，選擇在第一時間揹起超出自身能力的債務。那麼，當房市空頭錢卡住，或者寬限期一過，每個月正式扛起該給付的房貸本金，你拿什麼條件不「斷頭」？天上掉下來的幸運嗎？

正如同出來跑都是要還的，借來的錢雖然花得爽，仍改不了它是「借來的，以後要還」的事實。

所以，真的沒有足夠資金當頭期款，到底該不該買房？如果你是差個幾十萬的人，也許你該做的第一件事是先好好算一算，目前選的物件是否高出自己的能力？至於完全零存款的人也想買房呢？

醒醒吧！孩子，夢裡什麼都有，但也總會有該醒的那一天。

畫重點

☑ 超貸的包裝千百種，但你要記得：再誘人，都不會因此改變其違法的本質。

☑ 看房的物件條件再好，只要遠遠超出預算、高估自己的還款能力就是不好。

實價登錄最怕
拿雞蛋比石頭！
四招教你內行人怎麼看

　　實價登錄一直是買賣房子的利器，不管是出價參考還是殺價佐證，在在提供了便捷的資料庫。遺憾的是，雖然大家都知道它好用，卻不一定真的知道如何使用。

　　我常舉例，就像是 Google 搜尋，誰不會用？好像大家都覺得，一打開網頁，輸入「關鍵字」送出，即可操作的頁面怎麼可能不會用。但三不五時卻又會遇到，幾百筆搜尋結果仍找不到有用答案的窘境。其實能不能在網海中過濾掉廢物資訊，精確搜尋真正有參考價值的資料——不好意思，這就是每個人展現功力的時刻了。

　　以下列舉四種常見的實價登錄錯誤判讀情況，希望大家都能仔細記住細節，正確判讀數字，理解實價登錄上的真便宜和假便宜。

一、沒產權但有使用空間

要看實價登錄，就得逐筆點進去看「明細」裡的資料，才不會拿雞蛋比石頭。

建物格局:	1房1廳1衛
車位總價(萬元):	
管理組織:	有
電梯:	有
交易/歷次轉移:	歷次 明細 加入比較
功能:	🖶 f Line
備註:	

以價格偏高來說，有時是由於有些使用面積（例如違建）並不能算入權狀面積（實價登錄上坪數不顯示），但實際買方會願意因此加價。所以像是夾層、頂樓加蓋、防火巷加蓋這種特殊情況，都可能會造成相同坪數但乍看價格偏高的情況。

交易明細　歷次轉移明細　　　　　　　　　　✕

☑ 備註資料

陽台外推頂樓加蓋其他增建

二、特殊關係間的便宜賣

價格偏高要確認,同樣地,看到價格偏低也別高興得太早,正所謂俗話常說:「有關係,沒關係。」細看許多便宜物件的備註情況,往往可以看到像是父母賣小孩、共有人交易、員工等特殊關係交易,也許有關係的當事人買的是真便宜,但這種實價登錄數字對你這個沒關係的外人,真的就不太具有參考價值了。

另外,如果是物件有特殊情況,像是建案公設比過高、乙種工業用地;又有可能是本身有瑕疵,例如海砂屋、輻射屋(這個實登看不出來,除非特別載明)等個別因素影響,也是造成價格便宜的錯覺之一。

三、學區房

現代人孩子生得少,一個個像父母的手心寶,只要有能力,想幫孩子贏在起跑點的父母不在少數。也因此,身處資源聚焦的台北,「學區房」一直是許多家有小孩的父母買房置產的重

要考量之一。

　　但你以為學區房就是繞著學校畫一圈嗎？不好意思，並非學校旁邊就是學區房。以師大附中為例，儘管實價登錄上對比的物件可能離學校差不多的距離，但由於師大附中的學區僅在和安里與仁慈里，所以圖中②的位置，就算隔著一條信義路直面師大附中，價格仍然會比圖中①的位置來得低。

師大附中國中部學區

　　所以不要憑感覺，是不是在學區裡，除了詢問房仲，也可以上網查詢最新學校學區包含的範圍，請見以下連結：

◆臺北市 110 學年度國民中學學區一覽表

https://jr.hs.ntnu.edu.tw/wp-content/uploads/2021/03/1615000554-683349609.pdf

四、車位沒有拆算

　　由於實價登錄在沒細點進去的列表上，有些車位坪數會和主建物坪數一起當分母下去算價格，也因此以台北市有坡道平面車位的房子來說，容易造成「拉低」單價的情況；而倉儲車位由於坪數較小，也有可能會「拉高」單價。

　　所以正確的做法，還是盡可能把車位和室內坪數拆開來算，才能和其他沒車位的物件比較正確的單價。

　　以下圖為例，為什麼總面積差不多，坪單價一樣，同棟樓層也一樣的物件，帶車位的總價居然比沒帶車位的便宜近 2000 萬？其實就是尚未點入細項比較的數字，第一筆的總面積是含車位的面積，而坪單價卻是不含車位的坪單價。

　　整體來說，比較實價登錄上的價格，有點像女孩子在網拍上的比價：正貨水貨、新品舊品、尺碼規格、配備贈品、含運包郵⋯⋯把能比的條件一一擺上，自然而然就能夠一目瞭然看清楚誰才是真便宜。

　　當然，由於實價登錄沒有所謂的室內屋況照，也沒有屋型格

局圖和房子朝向，想要交叉對比，就得多做點功課累積房產基本常識，像是：大坪數的房，坪單價會比小坪數的便宜；沒電梯會比有電梯便宜；冬暖夏涼的朝向會比冬寒夏熱的朝向便宜；地上權的房會比擁有土地產權的房便宜；沒裝潢會比有裝潢便宜等。當然，通則也會有例外，對此，我個人覺得借力使力，多多利用房仲資訊是個聰明的做法。

實價登錄 2.0 和 1.0 差在哪裡？

實價登錄的起源，可以從 2011 年 12 月 30 日總統修正公布平均地權條例、地政士法及不動產經紀業管理條例說起。為促進不動產交易資訊透明及健全發展，當時規定交易權利人（買方）、地政士或不動產經紀業（含仲介業及代銷業），應向主管機關申報登錄不動產買賣、租賃及預售屋成交案件實際資訊，並自 2012 年 8 月 1 日起正式施行實價登錄。截至 2021 年，線上已經有 300 多萬筆買賣、租賃及預售屋不動產交易資訊提供查詢。

為了使不動產交易資訊更為透明、即時和正確，以及遏止預售屋投機炒作風氣，因此 2021 年 1 月 27 日再次修正公布平均地權條例等三法，並於 7 月 1 日起正式施行所謂的「實價登錄 2.0」。

實價登錄 2.0 到底改了什麼？除了申報時間由原本「登記後 30 日」內申報登錄，改為買賣移轉「登記時」一併申報，其實

重點洋洋灑灑就是六個，包括：

① 成交案件門牌地號完整揭露

② 預售屋銷售前應報請備查

③ 預售屋成交後即時申報

④ 增訂主管機關查核權、加重屢不改正罰責

⑤ 紅單交易納管

⑥ 預售屋買賣定型化契約管理

申報義務人換人，你該懂的事

整體不難看出，政府這次在預售屋交易買賣上下了重手，填補了許多之前的三不管地帶，但對一般市場上主要的中古屋買賣人的影響是什麼，為什麼也聽到不少哀號？原來，實價登錄2.0調整了「申報義務人」。

以前，你透過仲介公司買中古屋，實價登錄的申報責任不是在地政士，就是房仲，基本上跟買賣雙方沒啥關係。但不好意思，新制將申報登錄責任回歸買賣雙方後，就變成買房子的你及賣房子的你需要共同去申報登錄。未申報或價格申報不實，將按次開罰 3 萬至 15 萬元罰鍰；如果是價格以外資訊不實，則開罰 6 千至 3 萬元。

另外，預售屋的話，因為實價申報的責任在銷售者，建商自售申報責任就會落在建商身上，而如果是建商委託代銷預售屋，申報責任則落在代銷業者身上。

實價登錄 2.0 新制修正重點			
項	修正重點	舊 1.0 規定	新 2.0 修正內容
1	成交資訊門牌、地號完整揭露	以區段化、去識別化方式揭露。	地號、門牌等成交資訊完整揭露,並溯及修法前已申報登錄之成交資訊。
2	預售屋全面納管(銷售前備查)	無	1. 銷售預售屋者應於銷售前,將預售屋建案名稱等資訊報請備查;代銷業應於委託代銷契約簽訂、變更或終止後 30 日內報請備查。 2. 未報請備查處罰 3 萬～15 萬元,未改正者按次處罰。
3	預售屋全面納管(交易後申報)	1. 代銷業於委託代銷契約屆滿或終止 30 日內申報。 2. 違者處罰 3 萬～15 萬元。	1. 銷售預售屋或代銷業者,應於簽訂買賣契約書日起 30 日內申報。 2. 未依限申報、申報價格或交易面積不實,按戶(棟)處罰 3 萬～15 萬元,處罰 2 次仍未改正,按次處罰 30 萬～100 萬元。 3. 申報登錄價格及交易面積以外資訊不實經限期改正仍未改正者,按次處罰 6 千～3 萬元。
4	增訂主管機關查核權及加重屢不改正罰責	僅於辦法規定縣市主管機關得要求查詢或陳述意見。	1. 縣(市)主管機關得向交易當事人、地政士或不動產經紀業查閱有關文件。 2. 中央主管機關就疑有不實申報價格,得向相關機關或金融機構查閱價格資訊有關文件。 3. 規避、妨礙或拒絕查核,處罰 3 萬～15 萬元,未改正者按次處罰。
5	紅單交易納管	無	1. 銷售預售屋者收受定金時,應訂定書面契據,確立買賣標的物及價金等事項,且不得約定保留出售、保留簽約權利或不利於買受人事項,違者按戶(棟)處罰 15 萬～100 萬元。 2. 買受人不得轉售予第三人,違者按戶(棟)處罰 15 萬～100 萬元。
6	預售屋買賣定型化契約備查	依消保法規定預售屋買賣契約不符規定,經限期改正未改正,處罰 3 萬～30 萬元,再未改正加重處罰。	1. 銷售預售屋者應於銷售前,將預售屋買賣定型化契約報請備查。 2. 備查契約書後,仍使用不符合定型化契約應記載及不得記載事項之契約,按戶(棟)處罰 6 萬～30 萬元。

▲資料來源:中華民國內政部地政司網站

不過，儘管一開始市場買賣雙方憂心填寫錯誤或不知如何申報實價登錄，但山不轉人轉，最後實務面仍找出了最便捷的聰明做法：花點錢直接委託專業人士吧！所以，最後這業務繞一圈，還是回到了同一批人手上，有趣不？

延伸閱讀｜**實價登錄法令新訊**

內政部2021年8月25日台內地字第1100264747號公告，不動產買賣案件及預售屋買賣案件實際資訊之其他價格資訊項目如下：

1. 不動產買賣案件：交易總價包含之裝潢費、家具設備費、土地增值稅或其他稅費、仲介費、地政士服務費及其他非屬不動產價格之費用。

2. 預售屋買賣案件：交易總價包含之裝潢費、家具設備費及其他非屬預售屋價格之費用。

隔日內政部也補充，民眾買賣房屋的交易總價，主要包括房屋土地及車位的價格，但實務上可能會有一些特殊的交易情形，例如會將裝潢家電費、仲介費、土地增值稅等「內含」在總價之中。所以，內政部將這些費用規定公告為「其他價格資訊項目」，在實價登錄申報時必須在備註欄註明其費用，以避免個案藉由裝潢家電等費用墊高房價

的情事。

對於部分仲介業者提出是否每案都要申報仲介費之疑問，內政部說明應依買賣契約內容來認定，假如契約沒有特別約定交易總價包含該費用，就不需要填載。

畫重點

☑ 實價登錄也好，買賣銷售也罷，買房做功課，最重要就是學會把同一檔的物件放在一起比較，才不會被誤導判斷。

☑ 實價登錄上的資料要求越來越詳盡，是無法阻擋的趨勢，相信這對消費者而言是樂見的情況。

看起來都差不多，工業宅買來自住的風險到底在哪裡？

　　志浩最近跟朋友一起去看房，建案公設比 30％左右，總共有 5 棟 12 層樓，其中 200 多戶規畫為一般事務所，一些是店面。一開始他只聽朋友說，是一間比較便宜的工業宅，抱著見世面的態度跟著走一趟。

　　沒想到這房子看下來，不但周圍環境就跟一般住宅區沒啥區別，沒有位在工業區的感覺，房子本身看起來也漂漂亮亮，屋況不差。這讓原本只是來逛逛的志浩心裡生出了念想：「雖然這房並非登記為一般住宅，且土地使用分區為『乙種工業區』，但住起來好像也沒啥差別的感覺？買來自住雖然有那麼點疑慮風險，但看在價差上，好像也不是不能容忍……」

　　工業宅跟一般住宅的差別在哪，又到底能不能買來自住？雖然坊間說法很多，甚至也有「買舊不買新」等建議，但這裡先講結論：我並不建議買工業宅來自住。

「工業宅」是什麼？為什麼自住有疑慮？

工業住宅的誕生，其實是建商在都市或非都市土地使用分區管制規定下，將屬於工業區或工業用地的規畫，蓋出供一般民眾居住使用的住宅。簡單來說，就是這塊地我只准許你蓋ABCD，你卻跑去蓋EFG。

因為法令上不允許這種做法，儘管業者常以混充販售事務所、廠房等名目，實質販售工業住宅；但只要調出使用執照，上面還是會註明「不得作為住宅使用」的字樣。

使 用 執 照 附 表 （一） 96 使字第 ■ 號						
使 用 執 照 變 更 登 記 欄						
變更項目	變 更 用 途 來 文	核 准 文 文	竣 號	工 變	核 准 更	字 號 內 容
增 列 註 記	106.09.07 北市都授建字第106334■號			一、依據都市計畫說明書之規定，不得作為住宅使用，應於注意事項增列註記：「本案建築基地位於都市計畫規定不得作為住宅使用地區，起造人及所有權人應依都市計畫規定用途不得擅自變更住宅用，並應於列入產權移轉交代，及轉載於公寓大廈管理規約中。」 二、本建築物已依公寓大廈管理條例之規定推選「永名錄公寓大廈管理負責人」，前開注意事項增列之附錄內容，敬請依據公寓大廈管理條例修改規約之程序增訂納入規約條文內容。			

▲圖片來源：台北市網際網路執照存根影像查詢系統

事實上，工業宅在銷售簽約的同時，按照法規，業者必須向

買方說明提醒：「先生，你買的是工業宅，你知道吧！它是不能作為住宅使用的，不要說我沒告訴你唷！如果明知不能夠自住，未來你還是要拿來自住，那就是你的選擇，自己要負擔風險！」

那麼，既然明知不能作為住宅使用，為什麼那麼多人愛買工業宅？其實說到底，排除少數是傻呼呼搞不清楚狀況或被騙，多數還是因為抵抗不了工業宅價格誘惑的心存僥倖者。

怎麼分辨工業宅？四招學起來

1. 比一比，格局圖裡藏細節

一般人該怎麼分辨工業宅呢？先說網上看屋，正常的仲介業者，其實在物件介紹上就會在使用分區直接寫明，「不得作為住宅使用」。除此之外，基於工業宅不能以住宅用途暗示銷售，因此你仔細看就會發現，工業宅的格局圖跟一般住宅的格局圖放在一起比，往往沒有所謂的客廳、餐廳、臥室等不會出現在事務所、工廠的格局。同樣地，實體照片也就不會出現雙人彈簧床等示意居住用的設備（見 81 頁圖例）。

再來，資料上可以從以下三處下手。

2. 建照所載的使用分區

如為工業區或丁種建築用地，且註明是工廠或廠房，那就不是供住宅用的建築物。

本格局圖係未依一定比例縮小繪製之概繪圖，與實況
仍有差距，其方位、格局、形狀等，仍須以房屋現場
為準。

本格局圖係未依一定比例縮小繪製之概繪圖，與
實況仍有差距，其方位、格局、形狀等，仍須以
房屋現場為準。

▲藉由上下圖對比可發現，不可作為住宅使用的物件（下）就不敢標
示客廳、餐廳、臥室等字眼。圖片來源：信義房屋網站

3. 看土地謄本

土地謄本上有「使用分區」及「使用地類別」，如果註明是工業區、丁種建築用地，則在該土地興建的建築物，恐怕不是供住宅用的建築物。

4. 看契約書

契約書上有關建物規定的條款，如果註明是工廠、廠房、供事務所、供企業社等使用字詞，也非供住宅用之建築物。

其實回歸一個概念，便宜沒那麼容易撿。假設看中意的房子，價格明顯比周邊行情低了一截，那麼就是多問幾句，請房仲幫忙查詢物件有沒有特殊情況。

我就是想買工業宅，風險大嗎？

「你講了那麼多，但我看大家都在買，就跟一般頂加違建一樣，只要政府不會拆，實際真的有差嗎？」講到這，可能很多不死心仍想買工業宅的人就忍不住問了。

買工業宅的風險大嗎？為什麼誘因這麼大？我們來分幾點聊一聊。

1. 水電費

很多人認為工業住宅的水電費可能會比一般住宅高很多，但

其實水費可以依住戶申請的口徑大小，負擔不同的基本費；而電費只要是作為住家使用，也是以住家費率計算。因此，工業住宅水電費計價方式與一般住宅實際上並沒有太大差異。

2. 地價稅、房屋稅、重購退稅

現在市場上一般住宅與工業宅稅率無差別的說法，主要是源於財政部於 1996 年 11 月 27 日及 86 年 8 月 7 日發布的解釋令內容：只要是符合自用住宅的規定，工業住宅依然可以適用自用住宅的優惠稅率，並且作為自用住宅用地使用的工業用地或重購工業用地供自用住宅用地使用，只要完成移轉，登記日在 1996 年發布日之後，即同樣享有土增稅的重購退稅優惠。

值得提醒的是，依據「土地稅法令彙編」最新 108 年版本提到：本部及各權責機關在 108 年 11 月 4 日以前發布之土地稅釋示函令，凡未編入 108 年版「土地稅法令彙編」者，除屬當然或個案核示、解釋者外，自 109 年 1 月 1 日起，非經本部重行核定，一律不再援引適用。

3. 房貸成數

雖然說工業宅不能適用像「青年安心成家」這種政府提供針對自用住宅名義的優惠房貸，一般說法也會表示工業宅很不好貸。但老實說，畢竟台灣幾百家金融機構，倘若你的工作、財資歷夠好，整體貸款條件想要 7、8 成，我相信也是有機會。

工業住宅最大的風險在「它」

講到這裡，是不是好像不心動有點說不過去？其實工業宅一直以來最大的風險，都不在於市場條件，而是回歸政府的法令。

《都市計畫法》第 79 條第 1 項：都市計畫範圍內土地或建築物之使用，或從事建造、採取土石、變更地形，違反本法或內政部、直轄市、縣（市）政府依本法所發布之命令者，當地地方政府或鄉、鎮、縣轄市公所得處其土地或建築物所有權人、使用人或管理人新台幣 6 萬元以上 30 萬元以下罰鍰，並勒令拆除、改建、停止使用或恢復原狀。不拆除、改建、停止使用或恢復原狀者，得按次處罰，並停止供水、供電、封閉、強制拆除或採取其他恢復原狀之措施，其費用由土地或建築物所有權人、使用人或管理人負擔。

因為屬於違規使用，工業宅通常都是在使用執照核發後再行「二次施工」，違規隔間主臥室、盥洗設備、起居等住宅裝潢。這些情況只要被檢舉，或者政府哪天有心想要強力取締，都是迎頭痛擊的大麻煩。

畢竟，就像頂加違建一樣，緩拆、收稅都不代表合法，有風險就是有風險。一開始就理虧，哪有臉挺直腰桿說自己沒錯？

本篇舉的例子雖然是工業宅，但其實只要是違反使用規定「不得作為住宅使用」的物件，都是同理類推。

回到開頭提到的，為什麼我不建議買工業宅自住？原因很簡

單，工業宅雖然難舉證，翻開過去各縣市政府的做法，那些捐地、繳代金、「就地合法」「暫放不管」似乎也大有放行之勢；但有一句俗語話糙理不糙：「把柄放在別人手上，就算你按捺了這一個，那下一個呢？」不安心呀！

就像哪一天，若有人揮舞居住正義大旗，一句「他憑什麼可以違法當住家住」，這時候，為了選票的執政者，你猜猜，他會不會拿你開刀呢？

畫重點

☑ 工業宅本來就不是用來自住，自然無法申請「青年安心成家」這種針對自用住宅名義的優惠房貸。

☑ 工業宅的最大風險不在市場條件，而是回歸政府的法令。把柄落在他人手上，不安心呀！

房子有死過人就是凶宅？
法官想的可能不一樣

　　市中心的熱鬧商圈附近，一間屋齡 40 年 6.96 坪，開價僅 88 萬元，標榜「最便宜淒美愛情事故屋」，投資報酬率甚至 7％ 起跳，如果是你，敢買嗎？

　　台灣人忌諱凶宅，除了租屋時怕碰到特殊室友，更害怕在買房子的時候，一交屋入住，才收到鄰居異樣的打量眼神，和那句隱晦的暗示：「其實你在看屋的時候，我就想跟你說……」

　　但是，到底什麼是「凶宅」，買屋時又該如何避開這個大地雷呢？

什麼樣的房子叫作「凶宅」？

　　關於凶宅的定義，一般人可能直覺地想，「不就是房子有死過人？」稍微懂一點的人，可能再精準一點說出「非自然身故」這樣的字眼。但是，到底什麼樣的房子可以稱為凶宅，又

或者更直白地說，什麼樣的房子，買了可以用「凶宅」的理由，要求解約或減少價金呢？

這裡用最常見的例子來說明：老林家是十樓華廈，有天三樓屋主的女友因為感情因素想不開，趁男友不注意，跑到樓頂縱身躍下，摔在了四樓的露台死亡。請問，誰家是凶宅？

A. 整社區都是凶宅

B. 十樓和四樓都是凶宅

C. 四樓、三樓都是凶宅

D. **四樓是凶宅**

先公布答案，一般來說答案會是 D。為什麼？

凶宅的認定，目前法院主要參考內政部 97 年 7 月 24 日內授中辦地字第 0970048190 號函釋的定義：賣方產權持有期間，於其建築改良物之專有部分，曾發生凶殺或自殺而死亡之事實，及在專有部分有求死行為致死；但不包括在專有部分遭砍殺而陳屍他處之行為。

也就是說，凶宅必須是：死者有求死意圖或陳屍於專有部分（包括主建物及附屬建物），但不包含公設。

所以首先，不可能整個社區都是凶宅，因為這樣判定的話，可能全台灣要找「不是凶宅」的房子會比「凶宅」還難。再來，死者雖然從樓頂往下跳，但樓頂是公設，所以十樓並不會因為事情發生在自家頭頂而列為凶宅。至於四樓，沒什麼好說

的，就是個倒楣的孩子，證據在現場，躲也躲不掉。

那三樓呢？雖然從心理層面上可能會造成一些衍生推理，例如亡者會不會想回家看看負心漢等，但那並不符合前文的判定準則，更無法提出明確的科學依據，所以並不列為凶宅。延伸舉例，如果死者是在家裡被砍，但一路從住處跑到電梯口死亡，那麼同樣地，家裡依舊不算凶宅。

凶宅認定，法官才是最後準則

不過，雖然邏輯如此，這裡還是必須說明，這些判斷準則都只是「一般來說」。實務上，由於案例各式各樣，而凶宅的減價或解約是從民法「物之瑕疵」的論述去主張，所以還是得看每個法官最後的主觀認定。沒走到法院、官司打到最後，很少人能拍胸脯保證結果會是如何。

你說，那可怎麼辦？

其實，基本通用準則還是有的。既然凶宅是一種物之瑕疵，賣方與買方簽訂房屋買賣契約時，就必須誠實告知買方，房屋是否發生過「非自然死亡」等情況。如果簽約時說「沒有」，但買方事後發現這間屋子確實有過非自然身故的情形，就能依照民法有關「物之瑕疵」的規定，向賣方要求解約或減少價金。

那麼，有屋主想問了：「我只知道我這幾年住得好好的，誰知道這間房子以前是不是凶宅，這樣如果買方主張，也算我頭上嗎？」

只能說，台灣目前還是以「一日是凶宅，終生是凶宅」為主要判斷指標。除了砍掉重練，將房屋打掉重蓋，並不會因為中間過了幾手，而影響房子是凶宅的歸類。

實務上，台北市就有案例是買方買了好一陣子，幾年後發現屋子曾經是凶宅，而要求解約。雖然案發時間並不發生在上任屋主的持有期間，買方也在買下房子後租給好幾任租客，但最後判決結果是要求屋主返還 5200 萬元的價金，買方返還期間的 800 萬租金利益。

記下來！一招教你降低買到凶宅的機會

重點來了，到底要怎樣才不會買到凶宅？以我的觀察，最簡單的方法：挑品牌越大的房仲越好。

因為品牌大的仲介公司，為了避免糾紛、維持品牌形象，對底下兜售的業務規範就會比較多。小公司走的可能是法律低標，當戶凶宅才必須告知；但大公司走的可能就是情感上的高標，只要有相關資訊，就會要求業務提供給買方知曉，自然也就保障了更多買方的權利。

另一個原因是，品牌大的房仲才有本錢建立完善的資料庫，作為資訊提供。畢竟要告訴你這裡有人發生過非自然身故，就算不隱瞞，前提也是房仲業者必須知道才行。但今天如果只光靠新聞、民間網站，根本是九牛一毛，畢竟一年三百六十五天，哪天不死人？

有些大公司為了建立資料庫，擁有專門派人詢問鄰居調查的更新資訊機制；以及提供獎金，給新增公司凶宅資訊的第一個舉報者。

所以，如果你是個膽子超小，真的非常害怕買到凶宅，也完全不能接受周邊有相關案件發生過的人，那麼選房仲真的可以盡量挑品牌大一點的公司。當然問問管理員和鄰居是最基本的，至於問警察局通常不會說，除非你是法拍屋發函詢問。

相反地，如果你是個完全的無神論者，如同開頭租屋網的廣告，那麼凶宅也許真的是個撿便宜的好地方也說不定。畢竟有時候，窮比鬼更可怕呀！

畫重點

☑ 凶宅定義太玄妙，有時候真的有事的宅未必凶，真的有凶的宅也未必出過事。除非極端凶案擺在那，否則不需要太執著。

☑ 一般人想要避免買到凶宅，最簡單的辦法還是盡量找大品牌的房仲，畢竟人家的資料庫就是齊全，能甩業餘的好幾條街呀！

四十年以上的老房子
居然不符合危老？
危老重建的三大精神

　　這兩年因為疫情的關係，走在台北街頭，你會發現，怎麼到處都是準備都更（都市更新）或即將危老（危老重建）的大樓和工地？大大的紅色布幔掛在老舊的公寓外牆上，白字寫著「本棟大樓準備危老改建」；乍看也沒多老舊的大樓，廣告直接包著「期待用新的面孔與您見面」，讓人不禁覺得，台北是怎麼了？怎麼一眨眼，一棟棟都準備要打掉重練？

　　事實上，台灣老房子的問題早就不是一天兩天的存在。依內政部 2021 年第 1 季的統計，全國屋齡超過 30 年的總戶數高達 436 萬 1446 戶，占整體的 49％；而台北市內更是以 63 萬 4130 戶的 70％ 數字高居榜首。

　　這些數字，除了反映地震、建築結構等不符合時代規範的居住安全問題，更嚴重的是人口老化導致的居住不符合需求，讓越來越多因為沒有電梯而被困在家中的老人案例浮出水面。老屋問題的迫切推力，加上改建後身價翻倍及租稅減免的誘因，

一棟棟準備改頭換面的建築物便在這股熱潮下，如雨後春筍般冒出來。

相較於大家耳熟能詳的「都更」，「危老」算是近來才竄紅的字眼。那麼，它到底是在紅什麼？又為什麼讓各大財團打完算盤，爭相準備跟上這一波熱潮呢？

讓我們接著看下去。

危老重建是什麼？三個條件最重要

「危老重建」這四個字，其實來自「都市危險及老舊建築物加速重建條例」，顧名思義就是針對都市內危險及老舊建築物，政府給予容積獎勵當誘因，讓居住者能夠自行整合，以快速重建為目的。

所以，談危老改建有三個重點：

1. 建築物在都市計畫範圍內。

2. 建築物非經目的事業主管機關指定具有歷史、文化、藝術及紀念價值者。

3. 符合政府危險或老舊建築物的定義，包含：

❶ 經建築主管機關依建築法規、災害防救法規通知限期拆除、逕予強制拆除，或評估有危險之虞應限期補強或拆除者。例如：海砂屋、震損屋。

❷ 經結構安全性能評估結果未達乙級者（危險係數〔R〕>45）。

❸ 屋齡 30 年以上，耐震初評乙級者（45 ≧ R>30），有電梯但經詳評判定改善不具效益。

❹ 屋齡 30 年以上，耐震初評乙級者（45 ≧ R>30），無電梯。

危老的重點在於「測」

一般來說，民眾對於危老的疑惑，首先會卡在第三項「符合危險或老舊」的條件。舉個例子：

70 歲的老先生到服務台前詢問：「我家的房子想要辦那個什麼『危老』，需要什麼條件？」

服務人員經過進一步詢問，向老人解釋：「您的房子不是海砂屋、九二一這種已經被通知限期拆除的情況，所以還是要先進行現場初評，才可以知道符不符合危老的獎勵資格唷！」

聽到這，老先生忍不住來了火氣，「我家那房子，從年輕結婚買到現在也住了 40 幾年，怎麼可能還不夠『老』，不符合你們的資格？」

好了，問題來了！危老重建是針對危險、老舊的建築物，我相信這點大家都沒有問題。那麼，老房子就一定「危險」，危險的房子就一定「老」嗎？

事實上，雖然條件以「30 年屋齡」作為關鍵數字，但實務上還是會有一些老房子因為建得矮加上當年用料實在，在評估時危險係數 <30，或經詳評判定改善不具效益（房屋補強成本小於重建成本$\frac{1}{2}$），而不符合重建獎勵規定。

所以大家要記住，危老的一大重點就是「測」。經過初評危險係數 >30 以上才叫危老建築，沒有測以前，都只叫作「老房子」，不一定有居住危險。

　　同理，一定是老房子才能走「危老」嗎？答案一樣是否定的，只要評估出來的結果危險係數 >45，那麼就算房子只有 10 ～ 20 年，一樣可以走危老重建這條路。

時程獎勵和規模獎勵是什麼？

　　危老重建為什麼那麼讓人趨之若鶩？最主要當然還是因為獎勵高。

　　危老條例在初推之始，祭出了最高 40％容積獎勵的口號，其中 30％指的是獎勵後的建築容積，最高可達 1.3 倍之基準容積；而剩下的 10％指的就是三年內申請再額外給予的時程獎勵。

　　三年的期限很快在 2020 年的 5 月中旬屆滿，但是老房子的問題還是一樣沒有更好的解方。

　　為了不讓取消的 10％獎勵降低民眾重建意願，因此後來政策又加碼，時程獎勵改為從第四年（2020 年 5 月 12 日）開始，逐年折降為 8％、6％、4％、2％、1％。另外並增加規模獎勵，危老建築物基地加計合併鄰地面積達 200 平方公尺者，給予基準容積 2％獎勵，每增加 100 平方公尺，另給予基準容積 0.5％獎勵。

　　規模獎勵併計時程獎勵上限為 10％，讓你補足和之前一樣最

建築容積獎勵							
基地面積	第 4 年	第 5 年	第 6 年	第 7 年	第 8 年	第 9 年	第 10 年
	109/5/12	110/5/12	111/5/12	112/5/12	113/5/12	114/5/12	115/5/12
未達 200 ㎡	8.0%	6.0%	4.0%	2.0%	1.0%	0.0%	0.0%
達 200 ㎡	10.0%	8.0%	6.0%	4.0%	3.0%	2.0%	2.0%
達 300 ㎡	10.0%	8.5%	6.5%	4.5%	3.5%	2.5%	2.5%
達 400 ㎡	10.0%	9.0%	7.0%	5.0%	4.0%	3.0%	3.0%
達 500 ㎡	10.0%	9.5%	7.5%	5.5%	4.5%	3.5%	3.5%
達 600 ㎡	10.0%	10.0%	8.0%	6.0%	5.0%	4.0%	4.0%
達 700 ㎡	10.0%	10.0%	8.5%	6.5%	5.5%	4.5%	4.5%
達 800 ㎡	10.0%	10.0%	9.0%	7.0%	6.0%	5.0%	5.0%
達 900 ㎡	10.0%	10.0%	9.5%	7.5%	6.5%	5.5%	5.5%
達 1000 ㎡	10.0%	10.0%	10.0%	8.0%	7.0%	6.0%	6.0%
達 1100 ㎡	10.0%	10.0%	10.0%	8.5%	7.5%	6.5%	6.5%
達 1200 ㎡	10.0%	10.0%	10.0%	9.0%	8.0%	7.0%	7.0%
達 1300 ㎡	10.0%	10.0%	10.0%	9.5%	8.5%	7.5%	7.5%
達 1400 ㎡	10.0%	10.0%	10.0%	10.0%	9.0%	8.0%	8.0%
達 1500 ㎡	10.0%	10.0%	10.0%	10.0%	9.5%	8.5%	8.5%
達 1600 ㎡	10.0%	10.0%	10.0%	10.0%	10.0%	9.0%	9.0%
達 1700 ㎡	10.0%	10.0%	10.0%	10.0%	10.0%	9.5%	9.5%
達 1800 ㎡	10.0%	10.0%	10.0%	10.0%	10.0%	10.0%	10.0%

▲由圖可見容積獎勵逐年遞減，2021 年（民國 110 年）來到 600 平方公尺以上，才有 10%的獎勵。

高 10％容積獎勵的機會；加上不變的最高 30％建築容積獎勵，總數最高一樣是 40％。

危老和都更的差別？

危老與都更，很多人傻傻分不清楚，兩者到底該怎麼區分？

我記得那時候台上的老師是這樣說的：「你可以把危老想成是百分之百沒爭議的快速通關。」它只處理簡單的事情，所有權人百分之百同意，且送審資料符合要求條件，那麼就給予獎勵且盡力快速審查通過。

正因為危老只解決簡單的事情，所以有釘子戶不肯簽名、重建後要怎麼分坪數才公平、和建商比例談不攏等，這些扯到金錢利益的複雜問題，它統統都不管。在危老眼裡，只要百分之百所有權人都肯簽名，就是公平。

什麼？你說沒有辦法百分之百同意怎麼辦？不好意思，這件事太過複雜，無法快速通關，可能得請你改走正常排隊審核那個窗口。

當然以上是比較揶揄的說法，兩者之間的差異，除了都更採多數決不需要百分之百同意、有更多的稅賦優惠以外，相較於危老，它也有最小面積限制，以及由政府介入的公聽會、聽證會等法定程序。而且，都更因為通常無法讓所有人歡喜簽字，往往會有許多時間花在程序正義，以達到公平的處置。

為什麼商業大樓、老飯店更容易危老？

如果你有在注意，因為新冠肺炎疫情的把薪助火，2020～2021 年其實有非常多的商業大樓或老飯店，直接趁著經營不善，跟上這波改建隊伍。

有些人疑惑，為什麼別人家的大樓就是談得那麼簡單順利，而自家社區不是釘子戶要錢，就是頂樓違建想要多分面積；不是一樓捨不得租金收入，就是建商開不到理想條件。其實說到底，關鍵還是：相較於自住重建人多、利益多，每個人爭取自家利益最大化，無法輕易取得共識，而商業大樓通常所有權人單一，集團決策也是在商言商，不太拖泥帶水。

少了釘子戶賭一個致富夢的妄想，多了效益評估合理性的理智，自然而然，同樣要重建，商用決策效率還是比自用快了那不只一絲半點。

事實上，台北市區有些物件左右兩邊各一棟全新 20 層大樓，中間夾著一棟破公寓佇立在原地，一看就知道又是一個故事。

只能說，人性越貪就越不懂，安全比錢更重要，有些事真的不是非你不可，端著臉要拿超乎你該拿的──一旦錯過了，就是錯過了。

容積率就是各樓層的樓地板面積（即為容積）加起來除以基地面積再乘以百分比，舉例來說，基地面積 100 坪，總樓地板面積為 150 坪，則容積率為 150/100=150%。

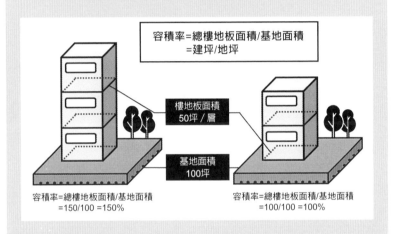

容積率=總樓地板面積/基地面積
=建坪/地坪

樓地板面積
50坪 / 層

基地面積
100坪

容積率=總樓地板面積/基地面積
=150/100 =150%

容積率=總樓地板面積/基地面積
=100/100 =100%

畫重點

☑ 不是房子夠老就一定能危老，危險加上老舊，才是人家說的基本門檻。

☑ 在商言商、利益相同的持有者，最容易都更危老，畢竟大利面前捨小利，乃成事要訣。

上不去又下不來！
不想當困在老公寓裡的老人

「年紀大你就知道，電梯真的好重要！」

前兩天因為退化性關節炎，又到醫院去打針的阿香姨，忍不住在公園和友人分享最近的深刻體悟。

她感嘆地表示，年輕時總以為老人家只是習慣唉，不喜歡爬樓梯。誰想到，自己 60 歲以後漸漸感受到現世報的殘忍。原來，年紀不到，真的不會懂，那種明明再爬兩層樓就到了，自己扶著把手，站在樓梯中間顫顫巍巍，想邁出腿卻寸步難移的辛酸……

阿香姨摸著膝蓋，認真地宣示，再等幾年退休後，一定要跟丈夫從 4 樓公寓搬到有電梯的低樓層房子。

「要有電梯我懂，但為什麼要低樓層，不是都已經有電梯了嗎？住高一點看風景不是也挺好的。」友人抓著自備的棗子，咬了一口，含糊地問道。

只見阿香姨也要了顆棗子，邊啃邊答：

「這妳就不懂了吧！我原本也是這樣想，只是小孩子丟了一個影片給我看，那個藍姓女明星妳知道嗎？保養得很好，55 歲那個……去年不是有大地震？她家就住在 15 樓。因為地震嘛，電梯壞了，結果她從 1 樓爬到 15 樓，也真虧她爬得上去，滿身汗從頭流到腳……想想，沒事住那麼高樓層幹什麼？

「看完那影片，我就想通了！這年紀大，凡事要往行動方便想，那風景也沒有什麼用，還是樓層低一點，出入方便。免得等到更老，要是哪天我出事電梯卻壞了，家人想帶我下樓去醫院也沒辦法。」

「妳這樣說，也是沒有錯，只是這樣大姊妳以後就會搬到別的地方，我們就不能在這公園閒聊了。如果能讓公寓多裝電梯就好了……」友人感嘆地說著。

拒當被困在高樓的老人

台灣從 1993 年成為高齡化社會，到 2018 年轉為高齡社會（編按：依國際定義，65 歲以上人口占總人口比率 7%，稱為「高齡化社會」〔aging society〕；達 14%，稱為「高齡社會」〔aged society〕），人口老化和住宅老化一直是台灣近年急須面對與解決的首要問題。畢竟，誰也不想晚年因為行動不便，被困在老公寓裡望窗興嘆，但又能怎麼辦呢？

基於不是每個人都等得起「都更危老」這條路，政府其實一直在折衷處「整建維護」（增設電梯及外牆拉皮、結構補強）

上撥了不少預算。既然還沒有辦法住新房子，至少讓舊房子更符合現今的居住需求。

其中，電梯補助就是極大的長輩福音。以 2021 年台北市協助老舊建築物更新增設電梯補助為例，每座電梯最高 220 萬元為上限，能申請補助的合法建築物條件有七：

必須符合：

❶ 6 層樓以下，且作為住宅使用比例達全棟 $\frac{1}{2}$ 以上之無電梯集合住宅。

❷ 非屬台北市稅捐稽徵處認定之高級住宅。

❸ 領有增設電梯相關建築許可且屋齡達 20 年以上。

不能符合：

❶ 經台北市政府依台北市高氯離子混凝土建築物善後處理自治條例公告列管須拆除重建。

❷ 同一棟建築物業依其他法令或本作業規範申請增設電梯補助並獲核准。

❸ 本作業規範生效前已取得增設電梯使用許可。

❹ 整棟建築物屬單一所有權人。

簡單來說，政府的立場就是錢可以給，但不希望圖利有錢人或單一個人，要能夠以大眾自住利益為出發，來幫助真正有需要的人。

公寓變華廈賺很大

事實上，雖然講得好像長輩才會用到電梯整建，可是實務上認真在推自家公寓電梯整建的，通常未必是 5、60 歲以上的實際需求者，反而是年輕一輩居多。為什麼？理由不難理解，多裝一台電梯其實賺很大。

怎麼說？以台北市案例來說，從舊公寓升級到舊華廈，老公寓本身大坪數的優勢頓時顯現，原本每坪 50 萬的 48 坪老公寓，假設電梯與華廈的價格差 1 坪多 10 萬，這樣身價就直接多了 480 萬；另外電梯只要能再多補登個 2 坪，就是 120 萬（編按：〔50 萬＋10 萬〕*2 坪），加總一戶身價多了 600 萬。

再加上新設電梯，一般是出資越多者分到的坪數越多，總金額扣掉政府補助的 220 萬，有時候這樣算起來，就算一個人出整台電梯也划算。所以案例中不難看到，未來有換屋需求的年輕人或投資客，手指頭伸出來算一算覺得可行，反而比長輩更積極出力於整建。

不過話說回來，回到初衷，政策利益始終只是一個鉤子，台灣人口老化，以及未來必須面對的居住艱難，才是我們每個人現今必須抬起頭來，學習利用政策優惠來幫助自己的生活與家人的理由。

畫重點

☑ 以 2021 年台北市協助老舊建築物更新增設電梯補助為例,每座電梯最高 220 萬元為上限。

☑ 與其去賭膝蓋的耐用年限,還不如提早安排退休居住的電梯規畫。

中班

Part 3

談判桌上的議價眉角

買到 A 案

如何買到跳樓大拍賣
的便宜物件？

「如何才能買到便宜的物件？」一直是新手對買房這件事的入門級大哉問。

左看媒體上投資客隨便轉手就好幾百萬入袋；右看檯面上的老師，豐功偉業一個說得比一個厲害……好像行家一出手，7折、6折、5折信手拈來，只要掌握門道就能瘋狂砍價，殺到屋主心在淌血卻又不得不賣。

這麼高超的神祕技巧，怎能不讓人嘴上罵著、心裡念著，「我要是也能學會一招半式該有多好？」但事實真是如此嗎？買到市場上「便宜物件」的關鍵，是那些專家留一手的神祕技巧？

我只能說，明人不說暗話，多半都是想像罷了。這些神乎其技，也許課堂上當行銷故事講講可以，但如果真捧著「那些老師的話」拿到實務上去運用，看到物件就開口6折、7折，「我是內行人，沒有這口價不要跟我談」的嘴臉，你可以試試看結

果是買得到，還是買不到。

　　曾經碰過一個投資客，他的譬喻我覺得實在，「你以為那些檯面上搶到好貨、便宜價的人，都是憑藉三寸不爛之舌，走進一間店裡就開始大展神威，憑著了不起的技巧和說服力，瘋狂砍價。但實際上是，我們只是剛好知道有間店『跳樓大拍賣』，走進去而已……」

　　「沒有所謂大幅度的討價還價，而是走進去，買下原本就便宜的東西」，揭開了所謂神祕技巧背後，真相往往就是這麼樸實無華：剛好有降價，剛好你也知道而已。

　　到這邊為止，聽起來好像不難是吧？但關鍵是：一般人要怎麼樣才能知道，有間店在打折，甚至店主撐不住了，準備要跳樓大拍賣呢？

想撿便宜，要把房仲當朋友而不是敵人

　　買賣房子，我一直強調一件事：要把房仲當朋友，而不是敵人。就算無法交心，也要學著把他視為合作夥伴。

　　房仲的工作就是為了「成交」，對於大部分的仲介而言，物件賣得高還是賣得低，對他來說意義真的不大。一來層層分到最後，拿在手上的差不了多少；二來，沒有成交，這一切酬庸數字都是海市蜃樓。所以要買房，懷著「房仲就是幫屋主抬價」的敵對心理，本就是可笑又沒邏輯的一件事。

　　回到正題，誰能夠知道今天市場上有哪些好物件？無庸置

疑，當然是這些手握雙方資訊的第一線房仲。事實上，物件若真的夠好，一般自住買方可能連物件都沒看過，就已經賣掉，因為物件從接案到銷售，可能連外網（放在網路公開給一般大眾線上找屋）都沒有上，身邊一圈口袋名單下來，就已經找到能出到價格的買家。

天呀！好不公平？但讓我們換個角度來看，如果你是個想「成交」的仲介，接到搶手的好案子會想報給誰？毫無疑慮，除了「最容易成交」的買方，其次大概就是關係不錯的「自己人」。有關係沒關係，這始終是資訊不對稱的市場裡，最大的優勢。

為什麼仲介有便宜稀有物件，一定先報給投資客？

同樣的答案，回答很多自住客心裡的那句疑惑：「為什麼仲介有便宜稀有物件，都先報給投資客？」

邏輯其實很簡單，仲介就是要成交。投資客看得多，價格是不是真的好、條件是不是真的稀有、物件到不到位，人家一看就知道。決策時間少、決定速度快、配合度高，就算三更半夜一通電話，也馬上來看屋，溝通在同一水位上不拖拉。

反觀自住客，尤其是剛看屋的那種，你可能報了好案他也不懂得珍貴，甚至房仲排除萬難，擠位子讓他先看，還會告訴你「我爸媽要看、風水師要看、我回去再考慮兩、三天看看」，

這種會讓仲介氣出一口老血的蠢話。

兩相比較，高下立見。所以，如果你不能當個判斷經驗豐富、決策爽快的「投資客」，至少先試著當跟房仲搏感情的「自己人」，進而取得那一張走進折價店的門票。

六招傳授：如何當房仲會報好物件的「自己人」？

如何當個房仲眼裡的誠意買方？以前我寫過文章，歸納出四個「房仲面前，你應該表現出來的買房重點」：

① **急切需求**：我不會兜兜轉轉，拖著你慢慢看完那 100 間房才來做決策。

② **有能力買**：我不會口袋百萬預算，騙你帶我看千萬房，看心酸。

③ **能作主買不買**：我不會看了大半天，最後被家裡長輩一句話，推翻前面的所有決策。

④ **具有行情觀**：我知道什麼是貴、什麼是便宜，而不是來逛菜市場，5 折開始跟你喊芭樂價。

房仲也是人，如果你希望進一步培養「自己人」的關係，以下再補充一般小白買家容易犯的兩個錯誤，作為第五與第六招：

⑤ **我是買方，我最大**：老話一句，奧客到處都有，嘴臉人人都懂，做人不要換了角色就換腦袋。房仲不是敵人，更不是下人，約好看屋十分鐘前，簡訊一句「我突然有事，下次再看」

的放鴿子行為，就是不尊重的壞習慣。我就問一句，你對朋友也同樣能夠這樣約會放鳥，問心無愧、理所當然？更別說，買賣這件事上你有求於人，希望對方的關照。

⑥ **我要詢價，問遍天下**：這裡要先說，買賣這件事，詢價沒有錯。重點在於，你不能白目當直爽，這頭介紹你案子，你轉頭就跑去問其他家房仲這價格好不好，有沒有更便宜。透露消息，害別家房仲來踩線不說；你既然對我毫無信任感，當賊在防，我又何必付出真心，把你當自己人在顧？

房仲說屋主賠錢賣，就代表物件便宜值得買？

當然，雖然跟房仲培養關係是入門票，但不得不說你也不能照單全收。有人就曾經問過我，房仲每間房都跟我說很值得買，又該如何分辨真假？

這樣講吧！好的房仲跟好的保險業務員一樣，他們的銷售往往是打從心底覺得你適合這個商品，問到底，他自己也未必覺得此話是在欺騙。有鑑於此，你不能把「房仲推薦」當成買單的唯一指標。因為，他眼中的好物件，未必適合你；他眼中的便宜物件，也未必對你有利潤。

那該怎麼判斷呢？

這邊分享圈內流傳的一句經典，「我從來不聽房仲說便宜就買一間房子，也不會聽房仲說貴就不買一間房子，我只相信自

己的判斷。至於物件有沒有便宜，有沒有利潤？那都是靠踏踏實實的經驗值和專業知識判斷出來的。」

我們老是羨慕別人賺得多，嫉妒別人賺得快，但機會來了，自己捫心自問又「憑什麼」能夠抓得住、賺一把。說到底，投資也好，自住也罷，想要買得便宜的硬道理，與其妄想屋主個個撐不住跳樓大拍賣，還是老老實實多做點功課最實在。

畫重點

☑ 不要傻得把房仲當敵人，而是要拉攏他當你的自己人。

☑ 比起判斷房仲話術的真假，如何增加自己對物件的專業判斷能力，是許多想走捷徑的人不肯花時間直視的正道。

拒絕被當肥羊宰！
如何談到我想要的價錢？

碰到房屋買賣這件事，很多人都喜歡問我，「怎樣才能談出好價錢？」屋主怕自己糊里糊塗被房仲拐著「賤賣自家房產」，買方則是怕被房仲半哄半騙「買貴了物件」。

先不說，我一直疑惑，這沒有交集的兩方人馬，為何能將矛頭有志一同指向共同的敵人？畢竟房仲哪來的本事能讓同樣一個價格，符合屋主眼中的賣太低，又符合買方口中的買太貴？若都為事實，這到底是便宜還是貴？搞得我好混亂呀！

其實，說句良心話，房仲的工作就是在磋商兩邊的價格，取得交集。雖然當事人感受未必盡如人意，但其實大家都是在做自己該做的工作，而房仲的工作就是讓雙方「成交」。既然這份工作那麼吃力不討好，當然行內也有所謂的業務技巧。

這裡，我們倒是可以聊聊，面對房仲所謂的議價（對賣方砍價）或者調價（對買方提價），有哪些能成交又守住價格的眉眉角角。

身為屋主，你會碰到的談判技巧

對於屋主，既然房仲的工作是議價，那麼以下這些情況多少無可避免。

1. 房仲怎麼一簽完委託，就開始嫌底價太高？

其實這個道理也很簡單，如果在簽委託前房仲就直白地跟屋主說，「你也開太貴了吧！別人有裝潢的成交行情最高才2000萬，你這沒裝潢就開到快2700萬，莫不是真覺得自己房子鑲金還是鍍鑽？我老實跟你說，這種天價不管簽給哪家都賣不掉。」你身為屋主會覺得，「天呀！這個房仲真是中肯又老實，對我毫無保留，值得信賴。」還是覺得，「你這傢伙賣都沒賣過，就想來跟我講這些五四三，拐我降價？」

所以，在客戶的反饋及學長姊經驗的傳授下，一般來說，房仲在簽到委託前，都是積極表示自己也非常認同屋主的話，「這房子雖然開得有點高，但我也認同您說的價值，我願意努力看看！」

2. 房仲會把想講的話，全部塞到買方的嘴裡

但該來的總是得面對，簽委託是一回事，簽到之後，面對市場不接受那沒有理由支撐的700萬又是一回事。於是到了第二個階段，房仲就會開始想盡辦法讓屋主了解，這間房子可能沒有這個價值（賣不掉）。

雖然降價比較容易賣掉，但這逆耳的話要怎麼說，屋主才願意聽進去呢？

房仲最常利用的技巧，就是把話塞到買方的嘴裡，像是：「李大哥，今天帶看的買方都很喜歡房子的居住環境，覺得地點真的是好。不過對於這價格，還是覺得有點高，畢竟屋況不佳，全部整理下來，裝潢費加上去 100~200 萬也是省不掉，明顯高出行情太多。」「那天買方是委婉地說，覺得這房子的風水沒有那麼好，整間陰陰暗暗的，採光也不太夠。」「這兩天看的組數很多，但好像主要都是對價格有些微詞。」

總而言之，回報了那麼多買方各式各樣的「反饋」，統統都是在對屋主傳達一個意思：這間房子沒那個價。一來二去，最好讓屋主有「房子確實有缺點」的認知，且儘管如此，如果價格可以調整，身為房仲的我還是願意幫屋主您努力看看。

身為買方，你該學會的談判技巧

請記住，「嫌貨人才是買貨人」這句話，在買房子的時候不中用。

很多買方一坐下來，就慣性地想對屋主嫌東嫌西作為砍價理由，「這個公寓還要爬樓梯傷膝蓋、那個廁所沒有乾濕分離不方便、前頭開窗面馬路太吵雜、後頭隔壁抽風管向上有油煙……」一輪缺點細數下來，最好屋主能夠自知理虧，跪著降價求售。

可是，瑞凡，屋主不是這樣想的呀！一般屋主賣房，就跟嫁女兒差不多的心情，「我家寶貝是至寶，在我眼裡什麼都好，雖然未來出嫁聘金（售價）少不了，但還是由衷希望她能嫁得好。」

你這個來求娶的，一來就當著我這長輩的臉，尖酸刻薄地嫌棄我家閨女又矮又醜、條件又不好，只配得上你這種歪瓜裂棗。這是當家裡沒大人了嗎？買不起就滾！別以為天底下只有你，她才嫁得掉。

所以，同樣要砍價，話也要學著說得漂亮。舉例來說，嫌底價太高，你該這樣說，「李大哥，你這房子真的是好，就是我沒能力，出來打拚才幾年，存的預算真的不夠高。雖然我超喜歡這間房子，但還是難免擔心銀行估價估不到。」這婉轉表達了：你這閨女是夠好，我真心想求一個機會，雖然能力不足，但我是真心實意的喜歡，你看能不能體諒體諒我的癡心一片？

當然有些會說話的買方，在這些前提下也會隱隱傳達，自己也不是只有這一個選擇，屋主錯過了這個村未必有下個店，自己這麼好的人選，還是請掂量掂量、好好把握。「最近也看了不少房子，還是覺得這一間實在，哪像我們家年輕人就吵著要去看那種小兩房，那跟棺材板似的，能住得舒服嗎？」

你一定要懂的「見面談」心理戰術

通常房仲能夠讓雙方走到見面談這一步，價格上的差距照理

來說不太可能天差地遠，一般都是到「有機會成交」的價格區間，才會拉兩方人馬來談價格。那麼，這時候又要注意什麼細節呢？

首先，既然要議價，房仲一定少不了挑扣分的講，而且通常是由外而內評論。

舉 2020 年開始的新冠肺炎疫情為例，從大環境會告訴屋主疫情嚴峻，短時間內應該無法結束，各國數字慘烈，現在這種人心惶惶的氛圍下，真的能出到價錢的不多，一定要好好把握；從小環境可能會說，房子旁邊雖然有公園，但誰知道幾年後會蓋起來，現在面公園以後面棟距，不把握這財團養地的時間，之後房子只會減分不會加分；從物件本身可能會說，旁邊成交行情才 1 坪 63 萬，我們的價格 1 坪 75 萬明顯高出一截，但細節卻是拿對方大坪數來比你這小坪數，又或者拿工業地行情比住宅地。

身為賣方，請先通盤了解自己物件的優缺點，兵來將擋、水來土淹，才不容易被當下房仲營造的氛圍或資訊搞得很恐慌，而自亂陣腳。

如果你是買方，只有一個原則，那就是評估清楚自己的經濟能力及最後底價。

既然是見面談，買方被不斷地調價，那跟賣方被砍價一樣，都是理所當然的。因此，房仲會無所不用其極地希望能提高你的出價，並且不斷加碼要求。譬如先是希望能加個 10 萬表現誠意；到後來屋主還是覺得差太遠，想問最高能出到哪；更甚者，

到最後看能不能「對切」，「屋主降到 2250 萬，你是 2200 萬，不然你抬一點，我們再讓屋主降一點，各退一步——2225 萬，看行不行。」

因為房仲對於買方見面談的主要目的都是抬價，所以對買方來說，掂量好自己的價格底線，不要被各種話術或說法，加了超出自己能力的價格。要記住，最差就是買不到而已，真的沒什麼。房子再好，超出自己的負擔能力，就不是好物件。

房仲老是議價到最後一刻？只為了防一件事

很多人疑惑，為什麼見面談，不論開什麼樣的價格，房仲通常都會議價或調價到最後一刻？其實說到底，除了還在為服務費努力以外，通常也是為了營造「成交沒有那麼容易」的辛苦度，以避免才談到價格，一方立刻坐地起價的情況。

所以你問，如何判斷房仲是不是在演？我會說，你根本不需要判斷房仲是不是在演。因為，買／賣到你能接受的價格，才是你該守好的本心。至於賣高還是賣低，買貴還是買便宜，倒是不用多想。因為對於屋主，想等價格，時間會證明一切（編按：指屋主開天價，期待有眼光的買家上門，但如果時間太長賣不掉，就知道開價太高）；對於買方，只要物件符合預算和需求，那它就是好價格。

☑ 房仲沒有厲害到能讓相同的價格,符合屋主眼中的賣太低,又符合買方口中的買太貴。

☑ 走到見面談這一步,議價和調價都是理所當然!買方請記住底價,賣方請牢記物件優勢。

為什麼看房時覺得有把握，
偏偏就是買不到？

年紀到了一定的歲數，身邊懵懵懂懂開始看起房子的朋友，漸漸多了起來。有些是即將要結婚的小倆口，替未來生活做打算；有些是家裡唸叨，老大不小了，錢就該買房存起來；有些則是擔心自己年紀越來越大，想找個棲身之所，買一間屬於自己的小窩。

不管原因為何，這些新手看房都有一個有趣的盲點，就是身邊訊息量太多，導致沒經驗值的他們老是搞不清楚為什麼買不到自己喜歡的物件。其中，俊朗就是我碰到的最典型例子。

「我真的搞不懂，為什麼都買不到？明明在看那些房子的時候，屋主給我的感覺很不錯呀！我們聊得非常滿愉快，不但從環境、學區到小孩都能聊，而且屋主態度很好，我覺得他對我的印象應該也很不錯，但不知道為什麼，最後都沒有成交？

「有些案子我開了價，房仲卻連試都不試，是不是我少做了什麼？是沒有拜碼頭，還是房仲想要留著好案自己吃，才不肯

幫我談談看？」

記得那時聽到這個問題，我下意識反問俊朗：「所以你這案子價差到底多少？」

只見俊朗低聲碎唸了一聲，「200多……」但接著馬上話鋒一轉，表示自己也不是價格那麼硬，「雖然出價是有一點距離……但我也有跟房仲說，我可以再加一點呀！畢竟人家不是說，價格都是談出來的。更何況，碰面的時候，屋主也說很難得遇到像我這麼投緣的買方，還說如果是我要買他的房子，他一定便宜賣。畢竟如果我是下一任屋主，他會覺得很放心。」

大概是早有想法，俊朗也沒等我回答，自顧自地氣憤說出心裡的答案，「我覺得都是仲介不夠積極，要不然讓我跟屋主多談幾次，屋主應該是願意賣的。」

相談甚歡，真的能讓屋主割肉降價？

俊朗的問題，讓我想起某個房仲朋友跟我分享過的故事：

過年團圓飯的時候，因為家族裡的大姑剛好在前陣子買新房子，所以整頓飯吃下來，話題幾乎都圍繞在她買房的細節上。

只見大姑神采飛揚地描述自己的幸運，「我這間房子，只能用四個字來形容，那就是『命中註定』。剛開始看屋的時候，我就覺得跟屋主很投緣。多聊幾句才發現，屋主不但跟我一樣是當老師，而且老家也在桃園，是個虔誠的基督徒。

「屋主自己也超驚訝的，覺得一定是緣分才會找來同鄉人。

細聊之下，發現我們很多興趣品味都一樣。看房時我們聊得超愉快，甚至聊到後面，屋主自己也說，就算房子這買賣沒成，也一定要跟我交個朋友。

「後來，議了幾次價還有點價差，我最後就直接和屋主談，『買房子是緣分，住了這麼多年的房子，你也一定想找個珍惜它的有緣人，你的房子我是真的很喜歡，而且對你，我老是有一種親切感，覺得就像是認識多年的好朋友。主讓我們開了一扇門遇見，一定是祂早有安排……』我這一番話講得屋主超感動，覺得我就是她要找的買家，所以最後又折了幾十萬，便宜賣給我。」

大姑的一番話，講得在場親戚驚歎連連，覺得真的是緣分牽線、主的庇佑，但就我這個略知一二的內行人看來，雖然表面附和，但也忍不住在內心翻了一個大大的白眼。

那個案子，據負責同事轉述，其實大姑的價格老早就已經開到屋主要的底價，後面幾次，只是服務費多少的問題。所以在大姑的「真切懇談」之前，明眼人早就知道這個案子確定會成交了，又哪來後面的真心感動、緣分牽線？

沒有成交，關鍵往往都出在這件事

故事說完，回到俊朗的問題：「屋主表現得相見恨晚、非我不賣，怎麼最後沒有成交呢？」

其實，真相永遠都只有一個，那就是價錢沒到位。

請記住一件事，買賣中不管你覺得和屋主聊得不錯、面相親切、志同道合、宗教信仰相同……這些，統統是假的！想要成交，只有價錢合理到位，開到屋主能接受的底價才是真的。

還不懂？我用個更簡單的譬喻好了，女孩子找對象開條件，問她想找什麼樣的人，她靦腆表示，「我其實不在意男生的長相，重點還是要談得來、內心善良、個性好，畢竟相處還是要看這個人的本質……」請問有交過女朋友的男性同胞們，她的意思是：真的對男生長相完全不挑？還是，就算沒有 8、90 分的外表，介紹的對象只要符合自己的低標 60 分，其他分數還是能夠用所謂的相處個性來加分？

是不是有那麼一點好像明白了什麼？說穿了，對大多數女孩來說，口中的外表再怎麼「不重要」，也要符合所謂的「能入眼」，也就是 60 分及格，接下來才有得談加分項目。同理，對屋主來說，再怎麼降價，也不可能為了一個只見面過兩、三次的投緣陌生人，大砍自己的房屋售價。所以，別懷疑！只要能成交，基本上都是有到屋主心中的底價範圍。

為什麼出了價，房仲不肯幫我談談看？

至於俊朗的另一個問題，「為什麼明明有出價，房仲卻不肯幫我跟屋主談談看？連斡旋都不肯收？」這也很容易懂，房仲的唯一目的就是「成交」，所以價格如果真的有機會，你不想談，他都會磨到你出來談。因此，在這個前提下，他還

能那麼反常，基本上就是兩方價差真的太大了。房仲知道這個價絕對不會成交，所以不想浪費彼此的時間，以及屋主對自己的信任感。

畢竟，特地叫屋主出來面談，都是以他相信「房仲帶的買方，有機會能出得到自己要的價格」為前提。今天，如果雙方認知差距甚大，根本不會有交集，屋主被騙了幾次，也會覺得房仲判斷力失準，老是找一些芭樂客來浪費自己的時間。

當然，你開的價太低，有沒有機會和屋主談是一回事，但你放心，你出的芭樂價最後一定還是會讓屋主知道。畢竟，一方砍價，一方加價，回報不僅僅是房仲的工作，也是對買賣雙方的市場認知教育。

畫重點

☑ 凡是買賣，就要牢記在商言商的原則，不要老是忘記：大家不是來談感情，是談生意。

☑ 買賣裡的屋主場面話，可以聽但別往心裡去！想要成交，從頭到尾都只有價錢合理到位，開到屋主能接受的底價才是真的。

附加條款

買房時，房仲不會主動
告訴你的好康權益

　　方政趁著這波房市看好的漲勢，以不錯的價格賣掉了手上的小公寓。準備以小換大的他運氣算是很好，因為賣舊房和看新屋同時進行，當舊房簽約時，他要買的物件幾乎只差臨門一腳，他同意就可以簽約。

　　只是雖然一切順利，但方政算盤打得響亮，如果舊房交屋的時間和新房交屋的時間可以銜接在一起，豈不是又省下一大筆房租錢和搬運整理時間？

　　只是算呀算，新房抓上裝潢時間，好像再怎麼趕都有點困難，實在傷腦筋的方政，忍不住開口向身邊有買房經驗的朋友討教。

　　「你說，這時間算來算去還是差一個月，公寓買方五月一定要交屋，又沒辦法讓新華廈的屋主更早交屋，我該怎麼辦？」方政苦惱地問道。

　　誰知朋友疑惑地回了一句，「借屋裝修不就得了？」讓方政

談判桌上的議價眉角　▶　**附加條款**　125

徹底愣住。

借屋裝修是什麼？

什麼叫作「借屋裝修」？一般來說，房子正式簽約完成，要等到交屋以後，新屋主擁有房子的所有權，這時才能開始裝潢整修。在此之前，房子屬於舊屋主，自然碰不得。

但是不是一定要等到交屋後，新房子才能動工呢？其實實務上只要經過舊屋主同意，便可以在房子過戶之前，提前開始進行裝潢。

對新屋主而言，這樣做的好處有三：

❶ 省了時間。

❷ 省了在外面租房子、等裝潢完畢的錢。

❸ 省了交屋後開始正式付房貸的利息錢。

拿方政的例子來說，他 4 月買的房子，預計 5 月中交屋，裝潢時間抓 1 個半月，原本可能要到 7 月才能入住。如果房東同意他 4 月開始借屋裝修，這樣他就不用去找 2 個月的短期租賃，先省下房租費 5 萬元。另外，因為使用了寬限期，每個月要繳 2 萬多元的利息，若能提前作業，2 個月又省下了還沒入住、裝潢期間就要繳給銀行的利息錢近 5 萬元。更別說搬家一趟一車就要 4000 元，來回兩趟 8000 元不說，東西搬來搬去的整理成本根本就是一場災難。

借屋裝修怎麼談？屋主點頭兩關鍵

講到這裡，有人可能要提出疑問了，「哪有那麼好的屋主，錢沒到手就讓你先動他的房子？」

其實，還真的是有。因為，一來借屋裝修對屋主也有些好處，譬如此時如果發生天災地變，一場地震讓屋子有了損傷，也是新屋主要承擔的，因為房子已經先「交付」給你了！自然就不歸前屋主的責任；二來，如果屋主人比較好、急於成交，對不損及自身利益的要求，或多或少也願意多點退讓，給一些方便。

但前提還是，你知不知道這項要求的權利，以及仲介願不願意幫你提出來跟屋主談。畢竟站在房仲的立場，買方多加一個條件，就是多增加一道成交門檻，他們理所當然會遊說買方，簽約時不要多押其他條件。

事實上，實務上最愛利用借屋裝修的，其實就是投資客，因為他們知道可以要求；再者跟房仲都熟了，也能判斷局勢，知道何時可以「堅持」要求，不容易被隨便唬弄過去，正所謂會吵的孩子有糖吃，有提有希望。這樣的做法，對投資客的幫助是：

❶ 可以早點拿出來賣，縮短獲利時間。

❷ 如果物件便宜市價很多，夠早拿出來賣，實價登錄還沒上，買方就不容易拿買價來砍賣價，嫌投資客賺太多。（此情況在實價登錄 1.0 時比較多。）

❸ 裝潢敲敲打打，房子藏在隔板裡的瑕疵或問題自然就「藏不住」，這時候因為屋主還沒拿到錢，對於解決問題就會很積極，不怕找不到人。

除了借屋裝修，還能提什麼？

講到這，很多人可能興致勃勃想問，「除了『借屋裝修』，還有沒有其他可以提的權利？」

這裡介紹大家一個最普遍的運用，叫作「貸款成數不到，無條件解約」。一般來說，買賣成交簽約之後，借不借得到錢，那是你家的事。不能準時交屋，那就依法＊（法規見本篇延伸閱讀）罰錢，未付清期款每日按萬分之二單利計算。

可是身處房價超高的天龍國，一個薪資微薄的上班族，難免還是會擔心自備款準備得不夠多，如果買房後，銀行肯給的貸款成數不夠漂亮，自己貸不到那麼多錢怎麼辦？

這時候，「貸款成數不到，無條件解約」就能幫上你的忙！舉例來說，如果當初簽約押的買房條件是「貸款成數不到 8 成，無條件解約」，那麼如果後來銀行只肯貸 7 成，我決定不買，就可以不付違約金，要求屋主無條件解約。

像這樣的成交但書，其實林林總總有很多變化形式，而且不只針對屋主，就連針對買方也是。歸納重點就是：條件不違反法律，且買賣雙方及仲介三方同意。

不過話說回來，要如何讓對方同意呢？這時候，就回歸千

古不變的道理：誰占優勢誰拿翹，看是你想買多一點，還是屋主想賣多一點。如果是買方市場，許多屋主為了賣房，就會在條件上比較軟；儘管如此，如果你找的是下殺 5 折、對半砍的物件，後面還有 2、30 組買方拿著錢排隊等著買，你卻還在那邊跟屋主要東要西、雞雞歪歪，那當然是「不好意思，下面一位」！

延伸閱讀｜成屋買賣違約處罰

行政院「成屋買賣契約書範本」第 11 條違約之處罰，第 3 項：

「買方逾期達 5 日仍未付清期款或已付之票據無法兌現時，買方應附加自應給付日起每日按萬分之二單利計算之遲延利息一併支付賣方，如逾期 1 個月不付期款或遲延利息，經賣方以存證信函或其他書面催告後，自送達之次日起算逾 7 日仍未支付者，賣方得解除契約並沒收已付價款充作違約金；惟所沒收之已付價款以不超過房地總價款 15% 為限，賣方不得另行請求損害賠償。已過戶於買方或登記名義人名下之所有權及移交買方使用之不動產，買方應即無條件將標的物回復原狀並返還賣方。」

為什麼每次要見面談，
其他房仲就說手上有客戶？

　　假日的星巴克裡，最近在賣房的小馬，忍不住抱怨近來一直困擾自己的問題：「為什麼每次到要見面談的時候，其他家房仲就會說，手上有客戶很喜歡我的房子，覺得我賣的價錢實在太低了，應該要再等等，別糊里糊塗地賤賣？如果我真的賣得低，怎麼又不見那個很喜歡我房子的客戶出斡旋？

　　「當然我心裡也隱隱約約知道，這八成是假動作。但是，為什麼那麼多家房仲都說過同樣的話？而且，要是真的有其他願意出高價的客戶怎麼辦？」

　　看見小馬煩躁地抓著頭髮，我輕輕吸了一口星冰樂，盡情享受口中的甜意，心滿意足之後，決定來解救老友口中一點也不重要的困惑。

　　「我說……那都是假的！不需要有懸念。那些房仲口中說很喜歡、好像願意出高價的客戶，統統是捏造出來的，你不必擔心他們真的存在，更不必擔心自己賣低後，這些客戶會跳出來

讓你搥胸頓足扼腕。」

看著朋友錯愕中帶著迷茫的表情，我只好繼續講下去。

什麼叫作「破壞成交」？

房屋買賣裡，仲介最常做的其中一件事，叫作「破壞」，這是什麼意思？對買方而言，就是說「你買貴了！我有其他更好的物件」；對賣方而言，就是傳達「你賣便宜了！我手上有更好的買方」。這件事不少見，也一點都不奇怪，就像陽光、空氣和水一樣信手拈來。

為什麼？因為，市場上釋出的好物件就這麼多，拿得出價錢的好買方也就這麼多，只要別人多成交一單，以房仲的立場，手上的好物件（好買方）就變少了。

換個角度來說，嘴砲又不用付錢，說不定屋主（買方）還會感謝我說「真話」，為人老實又誠懇。一來破壞了屋主和其他房仲的信任度，二來又增加了自己其他的成交機會，根本就是一舉兩得。

當然也不是每次房仲說的都是假話。但原則上，我會建議買（賣）方，對待房仲的「破壞」，聽聽就好。因為買賣這件事真的很看時機，有時候，人客走了就不在了。

只見小馬聽完我精闢的見解不死心，哀怨地繼續追問，「就不能讓現在的買方等等，先讓我確認其他房仲手上的客戶是不是真的存在？」

朋友這句一聽就很單純的蠢話，把我給逗樂了！我笑著說，「要等多久？三天？五天？一星期還是兩星期？破壞對仲介沒有什麼機會成本，但對屋主（買方）可不一樣。就拿你來說，買方現在想談，但你跟他說，『你先等我一下，我想看看有沒有出價更高的人？』」

先不說，買方衝動會不會減，但你回頭拉他出價，他會想什麼？「別人不要的房子」「你找不到比我出更高價的買方」——既然想吃回頭草，不好意思，就算還要買，價格我們也得從「低」談起。

別人口中的「更好買方」都是假的！

如果那肯出高價的買方，該死的是真的呢？施主，如果我講到這裡你還是放不下執念，以下有個真人真事故事，可以給你當最後的參考。

這天，菜鳥 B 的客戶終於出到了屋主的價位，他開心地拿著買方的斡旋金，打算去找屋主斡旋轉定。結果才到屋主家表明來意，沒想到對方就說了聲「你等我一下」，就把人晾在一邊，拿起手機打電話。

屋主的舉動，讓菜鳥 B 心裡猛磕了一下，一股不好的念頭油然而生。果不其然，屋主對著手機那頭就問，「你上次說的客戶在哪？現在○○房仲的客戶開價 1700（萬），要來簽約了。」

電話那頭的房仲也不負期待，傳來：「1700（萬）真的太低

了啦！您的物件這麼漂亮，至少也要 1750（萬）才是合理價。我有把握，我這次手上的客戶出到 1800（萬）沒問題。」

「重點不是價格，重點是人呢？」

「唉啊！王先生，沒有買方隨傳隨到的啦！更何況，我也要跟買方好好講，約時間呀……（以下省略 300 字）」

最後屋主表示，「我給你一個小時，如果約不到你說的客戶，那就算了。」

屋主蓋下電話那頭還想繼續說服的聲音，轉身一臉沒事地邀請站在一旁早已傻眼的菜鳥 B 坐下喝咖啡。

一小時後，菜鳥 B 拿著像洗了三溫暖般得來不易的合約，高興地回公司了。

故事裡王先生的做法雖然直接且粗魯，卻也是滿好的示範：可以讓自己有貪念，但要有時限。

請記住，買賣這種事，別人口中的「更好買方」都是假的！只有斡旋金、房仲手裡合約上的白紙黑字，和下定決心坐在面談室裡向你殺價的客戶才是真的。

畫重點

☑ 這年頭只要是銷售，就會有所謂的行銷話術，如果你陷入真假話判斷的漩渦，反而是丟了西瓜撿芝麻。

☑ 可以讓自己有貪念，但要有時限。人心不足蛇吞象，到頭來只會兩頭空。

大
班

Part 4

終生受用的買房觀念

男友薪水一半付房貸，房子卻登記在家人名下，我該怎麼辦？

明年即將邁向 29 歲的玫雅，最近碰上了一個讓人為難的感情問題。

跟大多數的女孩一樣，向來對家庭生活充滿期待的玫雅，對於婚後的想像，無非是 30 歲前找到對的另一半攜手踏入婚姻，努力打拚一間房，35 歲前再生個可愛的寶寶，完成一家三口的完美藍圖。

一眨眼，再兩年就是三字頭大關，玫雅十分心急，忍不住暗示交往兩年的男友，到底有沒有把結婚這件事放在心裡。畢竟，如果男友沒有結婚的打算，她也好及時停損，找下一個目標相同的對象。

「你在說什麼，我當然想結婚呀！」男友猝不及防的回答，讓玫雅甜在心裡。沒想到接踵而來的下一句話，讓她彷彿從天堂掉進了地獄。「我媽老早就盤算好了，家裡特別留了一間房給我婚後用。結婚後，我們就住家裡。」

原來，男友出社會後沒幾年，家裡就以小換大買了一間三層樓透天。名義上，說好兩老百年之後，房子就歸身為長子的男友。因此，爸媽出 300 萬的頭期款，而剩下的 600 萬尾款，每個月就從男友薪水裡撥出 2 萬元來支應房貸，而目前是男友和弟弟一家四口住在裡面。

　　聽聞至此，玫雅百感交集，先不說自己壓根沒考慮過未來和婆家「同住」，這薪水出一半繳房貸的事，不就妥妥地說明了，男友未來的人和錢都已經被套住？

　　玫雅試探性地詢問，「我們婚後有可能搬出來自己住嗎？」

　　男友見玫雅不安，也老實表示：為什麼已經有一棟要揹房貸的房子，還要再出去買一棟？而且薪水也就 4 萬多塊，每月 2 萬塊的房貸加上給父母 1 萬塊的孝親費，只剩萬把塊實在稱不上多；再來，自己也很認同爸媽說的，趁年輕多存點錢，以備孩子未來的教養費用。畢竟，就算不能讓孩子贏在起跑點，也不能輸在起跑點呀！

　　如果玫雅的不安在於和公婆同住，可以不用太過緊張。家裡長輩發過話，自家都是臭小子，未來如果有兒媳，一定視媳婦如女兒般看待。至於弟弟則是過幾年結婚就會搬出去住，所以實際上需要適應的人並沒有那麼多。

　　「房子留給你，你弟不會有意見嗎？」玫雅繼續拋出疑問，假設這棟房真的只留給男友，但爸媽出了 300 萬頭期款也是事實，未來小叔難道不會有意見？

　　男友爽朗地回答：「這個爸媽已經當著大家的面說好了，弟

弟表示沒有意見，也不想出錢⋯⋯其實，我們家的人都很好，等你住進來就知道，這些擔心都是多餘的。我爸媽已經催我好些時候，希望這一、兩年早點把未來媳婦娶回家。」

見男友連金句都拋出來，玫雅也只好滿腹苦悶暫時休兵，打算回家理一理思緒，畢竟誰也沒想到原本急著結婚的自己，因為一番懇談，反而成了躊躇的一方。

男友付房貸卻登記在家人名下，有什麼問題？

踏入婚姻前，和另一半討論未來的「房事」，幾乎是近幾年許多男男女女走到最後一步的最大關卡之一。

究竟，婚前買房該注意哪些事？故事中，玫雅的男友繳房貸，房子卻登記在父母名下，未來又會碰到那些問題呢？

1. 房子登記的人是誰，誰就是所有權人

很多人不明白，在台灣不動產採「登記制」，舉凡買賣移轉，看的都是登記本上所有權人的大名，在大眾眼裡，他就是能夠決定賣房子的人。

雖然玫雅的男友可能覺得，這間登記在父母名下的房子，其實就等同於自己的房子，所以也心甘情願揹房貸。但事實上，在沒有移轉登記名義人之前，房子就是父母的。只有父母有權利可以處分這一間「名下財產」。

所以，如果過程中有任何意外，包括父母生意失敗、在外欠錢，導致房子被查封；婚後親人間感情不睦，拿房子當作脅迫籌碼等，都有可能造成男友最後只能認賠殺出！畢竟，朕沒給的你不准要！你付的房貸也可能只算是支援「家庭支出」。

2. 家產分配的空口白話，賭的是人性

為什麼那麼多人在「分產」這件事上，最後會走上官司一途？難道大家都那麼傻，沒有討論過共識？說到底，除了人心難測，關鍵還是在父母走了，等同約束力沒了。

儘管爸媽在開頭發話，房子在百年後要留給男友，而弟弟也無條件同意，但世事難料，幾十年後的事，誰知道？

有句老話說得好：「我當時年輕，沒想那麼多，但後來想想，覺得自己虧了呀……」所以請記住，除非留好證據，否則一句口頭承諾，在走到官司那一步，真算不得什麼。

3. 被迫接受的好，未必是你想要的好

回到玫雅，男友付房貸卻不是登記在自己名下，未來除了別無選擇的居住條件，融入男友一家子的既有生活一樣是巨大挑戰。此外，由於金錢面上，男友的薪水大多流向了父母，小家庭的生活開銷勢必被擠壓，那麼，會不會要由玫雅來補貼這部分呢？

雖說婚後夫妻的錢是一起的，法律上還有婚後剩餘財產請求權的保障，但房子不是老公的，就算離婚清算，總沒有把公婆

的房子拿來算的道理。

　談錢傷感情，但如果顧及感情沒能打消疑慮，只怕以後更傷感情。只能說，扯到錢就是難呀！

畫重點

☑ 正所謂「親兄弟明算帳」，除非你已經做好付出不求回報的打算，否則沒有證據的承諾，就算是家人也不可盡信。

☑ 舉凡結婚，我都會奉勸一定要確認雙方的三觀，特別是用錢這一塊，有時候你以為的能忍，其實都只是一陣子，不是一輩子。

婚前買房怎麼算？
總不能老公的薪水養他的房，
我的薪水就是家用吧？

原本想要為愛衝一回的玫雅，沒想到最後跟前男友敗在兩家備婚的價值觀上。她最後果斷聽媽媽的話停損，「女人婚前腦子進多少水，婚後就準備流多少淚。」還沒昏到那一步，何必賭上自己的人生？

六個月後，玫雅看著眼前和自己約會的新男友英凱，露出了微笑。比起上次花了兩年還搞不清楚對方家裡的經濟狀況，這次的新男友透過阿姨介紹認識，除了男方的工作、薪資收入等基本訊息，就連男方的家庭狀況，阿姨也幾乎說得一清二楚。

兩人在共識下交往，預計年底訂婚，明年再規畫結婚。

只不過邁入婚姻，要解決的事不可能只有粉紅泡泡的甜蜜。雖然英凱也認同結婚買房共組小家庭，但到底要婚前就開始看房子，有好物件就下手，還是等到婚後再來買？出資比怎麼分配，房產怎麼登記？兩人倒是還沒細細討論過。

起初玫雅對於買房的細節，其實沒有太大的想法，她想，

「既然要結婚，這些小事好像就不需要太計較，而且現在不都是『夫妻財產共有』，最後要分，就是一人一半？」

只是這樣的天真，卻在一次閨蜜閒聊中被提醒，「人家不是說，只有婚後買房才算是共有？而且我聽同事說，為了有安全感，她和老公買房時是登記兩個人的名字，錢各出一半，房子也登記一人一半，誰也沒占誰便宜，最公平。」

為什麼婚前買房讓過來人都搖頭？

一般來說，提到交往期間就共同買房，多數過來人的意見都是「搖頭」。原因無他，五個字：風・險・太・大・了。

怎麼說？

首先，兩人有共識準備結婚，並不代表真能熬到手牽手跨過婚姻那個檻，邁向婚姻的路上，還有很多千奇百怪的怪要打。畢竟，婚姻是兩個家庭的磨合，舉凡一方成員為某個點真的拗起來，小倆口婚前分手也不是什麼特別的事。

婚前買房的問題在於，濃情蜜意時，金錢上越是不分你我，那麼分手後找回理智時，算起帳來勢必就越難看；尤其越接近結婚前的分手，情節一定是重大到不可挽回，才能讓人斬斷情絲，既然痛定思痛，撕破臉也在所難免。

你說房子是你出錢、掛我名下的「借名登記」，我偏說這是兩人相愛時的「無償贈與」；你說這房子你也有出錢，是「合資買房」，我說這是「獨資購屋」，不然你拿出證據。

但凡你的眼光不夠好，有些東西一旦沒了情義，最慘就是人財兩失。

婚前買房，婚後怎麼算？剩餘財產請求權

說了偏差值，來說點正常的狀況。如果買了房安安穩穩結了婚，那房子算誰的？如果只算出頭期款登記者的財產，那婚後的房貸又該怎麼算？總不能他的薪水付的是「自己的」房子，我的薪水就是家用吧？

關於這個很多小家庭煩惱的問題，我們可以來講講什麼叫「夫妻剩餘財產差額分配請求權」（以下簡稱：剩餘財產請求權）。這個專有名詞來自《民法》第 1030-1 條：法定財產制關係消滅時，夫或妻現存之婚後財產，扣除婚姻關係存續所負債務後，如有剩餘，其雙方剩餘財產之差額，應平均分配。

簡單地說，就是民法為了平衡夫妻雙方在家庭中的貢獻，特別是古早民間風俗都是丈夫養家、妻子家管，如果丈夫賺的錢都算自己的，對沒有工作卻對家庭犧牲奉獻的妻子十分不公平，因此特別規定在婚姻中雙方各自有償取得的財產有剩餘，在離婚或因其他原因結束法定財產制時，剩得少的可以向剩得多的一方，請求差額的一半。源此，也就是民間一般人常說的「婚後財產是一人一半」的概念。

舉例來說，玫雅和英凱訂婚後買了一棟 2000 萬的房子，由婆家支援 400 萬的頭期款，並且登記在英凱名下。那麼就算房

子是先生的名字，剩下的 1600 萬在婚姻中給付的房貸，仍可以列入剩餘財產分配的計算項目。單就這棟房子估算，妻子也可以分配到 1600 萬的一半，也就是 800 萬元。

2000 萬的房子漲成 4000 萬，離婚怎麼算？

有人想問，「現在房地產漲得那麼快，如果婚前 2000 萬的房子，婚後付完房貸時已經漲到 4000 萬，那麼剩餘財產請求權是依照 4000 萬，還是原本的 2000 萬去算？」

實務上是認為增值的部分不用列入剩餘財產差額分配的範圍，所以依然是以 2000 萬的房扣掉婚前給付，再去計算。

又有人想說，「近 10 來年房價漲這麼快，這樣好不公平！」可是你要想，這是漲的情況，如果 2000 萬的房，繳完房貸時市價剩下 1500 萬，你希望用前者計算還是後者計算呢？是不是轉念一下，就好多了。

事實上，《民法》第 1017 條第 2 項也規定：夫或妻婚前財產，於婚姻關係存續中所生之孳息，視為婚後財產。也就是說，就算是一方婚前全額買的房，婚後拿來出租，婚後租金收入的部分，也視為婚後財產。

說到底，這種種規定，其實都是希望在盡量公平的情況下，保護夫妻中弱勢的一方。

回到關於婚前買房還是婚後買房，以及登記在誰名下的問題。個人覺得，能夠婚後買就不要婚前買，誰出的錢多，就登

記誰的名字吧！至於一般常建議的夫妻登記共有，還是預告登記這些預防手段，我沒有很推薦，畢竟房子「共有」，到時候碰到節稅問題也是麻煩；再者，走進婚姻總是希望以信任為前提，如果要防堵所有可能性才能維繫權益，其實又何必呢？

畫重點

☑ 用金錢留住的愛情，往往到後悔時，最慘的不是愛情沒留住，而是留不住愛情又賠了房。

☑ 剩餘財產請求權主要是保護婚姻中相對弱勢的一方，但如果婚前雙方對錢財就各有規畫，其實分別財產制也是一種公平的選擇。

自住 vs. 投資

「自住房」和「投資房」
差在哪裡？

坐在仲介公司店頭，義清顯得有些局促。

原來，雖然他早存了一筆頭期款，心頭浮出買房規畫好一陣子，但獨自在異地打拚多年，始終不知道如何踏出第一步。

這不，今天本來只是想去超商買杯咖啡，路過這間仲介公司，忍不住駐足櫥窗前，多看了幾眼玻璃上張貼的物件，就迷迷糊糊被房仲請進店裡，坐著喝茶談需求了。

第一次面對房仲，義清有點緊張，深怕講出什麼不懂行情的話被笑，幸好今天碰上的房仲姊姊很親切，讓他頓時放下心來，腦中卻也浮現朋友閒聊間的那句提醒，「房仲很愛騙、話術又高，很多人都是哄一哄，就糊里糊塗簽約被當肥羊宰，交手時一定要小心。」

房仲姊姊看義清模樣木訥，在問清楚他的購屋想法後，語氣又放柔了幾度，「既然你也想了一陣子，對於房子的條件和預算，有想法了嗎？打算自住還是投資規畫？」

既來之則安之，看著對方語氣溫和的好脾氣模樣，義清索性把買房的疑問一股腦兒傾吐出來，「我現在 33 歲，雖然目前還沒有結婚對象，但已規畫 35 歲要完成婚姻大事。這幾年算了算租金等居住開銷，再加上不懂投資，覺得房地產還是比較安穩的理財方式，所以想要買房。但自己是忙於工作、沒啥特別嗜好的單身阿宅，所以目前的居住空間應該不用太大。」

　「既然你幾年內有結婚的打算，那這棟房子是要以小家庭居住為規畫嗎？還是到時候打算賣掉這一間，再以小換大呢？」房仲姊姊補了問題。

　只見義清被問得一愣，老實表示自己還沒想過這個問題，「我只想說房子自己要住……」

投資和自住差在哪裡？

　舉凡問到買房目的，大概都脫不了兩種回應：一種說房子打算要「自己住」，一種則是想著可以「投資增值」——看是要當包租公，讓房客替自己付房貸養房子；或者整理一下屋況，重新規畫賺個裝潢後價差；亦或再有耐心一點，打算把房子擺個幾年等都更，來個老屋大翻身。

　但是，投資房和自住房到底差別在哪裡？又真的只是看你買的當下，有沒有想要「自己住」嗎？

　問題可能沒那麼簡單。

　很多人以為，挑選自住房和投資房的差異只在於當下需求，

但撇開都更或要當包租公這種特殊考量，我覺得其實最大的差別在於「時間」——這間房子你打算及預計的「持有時間」。

如果打算長期持有一間房子，那麼自然可以用自己的「居住理想值」為出發點去挑選規畫，一句話濃縮就是：「老子當下住得爽，最重要！」但如果，這間房你只想持有個兩、三年，就可能需要重新回到市場出售，再次接受買方的嚴苛眼光，以及奢望最好能夠「不賠錢」賣房，甚至還能賺一點，那麼你就應該以投資房為挑選方向，「雖然自己喜歡很重要，但物件要能夠符合市場大部分買方的重點挑選條件。」

舉例來說，如果今天有兩個價格相同的選擇，A 是台北市公寓，生活機能方便，但是周遭車水馬龍環境吵雜，更沒有什麼綠樹公園；B 是宜蘭縣別墅，雖然地點邊陲但風景優美蟲鳴鳥叫，空氣清新怡人，非常適合居住。一向嚮往幽靜生活的你，該買在哪裡？

毫無疑問，如果今天要買一間住個 8 年、10 年，甚至退休養老的「自住宅」，你可以大方選擇符合自己喜好的後者。但如果今天要買一間 3、5 年內就會賣掉的「投資宅」，那麼，前者似乎比較有可能以同樣的價錢，甚至是在增值的情況下，找到下一任買方。

因為，市區的「位置」和「生活機能方便」，對絕大多數買房族來說，遠比鄉下的「依山傍水」和「空氣清新」符合需求，也更有增值空間。

以此類推，今天如果我以「健康」「風景好」為出發點，仗

著年輕選一間位於 5 樓的公寓，那麼在出售時的買方眼中，這就是一個「要爬樓梯會累死人」的大扣分缺點，且會直接幫你刷掉市場上「家有 50 歲以上長輩居住需求」的買方。

投資房和自住房的裝潢，差在哪裡？

同樣的道理運用在裝潢上，房仲接案最常碰到的頭痛小問題，其中之一就是屋主的風格品味獨到。

像是小套房搞得像夜店，閃亮亮的水晶燈，配上金燦燦的壁紙，黑色的沙發加上黑白紋相間的大理石地磚。這誰坐下去，都忍不住會脫口說出「王董～你今天怎麼這麼晚來」，絕對包你嚇退大部分心臟沒那麼有力的正常買方。

也有屋主參考國外講究身心靈合一的風水流動設計，於是好好的三房兩廳直接打成一房一廳的大開放式格局，空間感絕對夠，空氣流通也沒話說，但對正常小家庭來說，這格局根本不能用。

還有很喜歡餐廳金屬工業風的屋主，家裡就依樣畫葫蘆：天花板一片黑，管線也直接外露，鐵櫃、鐵椅、玻璃吊燈，再配上搶眼的金屬配件──好看是好看，但當買方帶著家裡長輩同行看屋時，一句「家不像家」，這單又搓掉了。

以上這些裝潢例子要表達的，並不是屋主的品味有問題，或者裝潢的風格不好看，而是當裝潢選擇的方向越小眾，自然而然越局限未來想要購屋的買方。符合大眾審美的正常物件，

可能賣個幾個月就結案，你這間卻可能得賣個一年半載，才能找到那個認同你裝潢價值（出得到價格）、萬中選一的真命天子。

這種情況特別容易發生在砸很多錢在裝潢的屋主身上——錢砸得越多，賣得越久。因為，降價太多你捨不得，但加價太多買方覺得不值得。

決定要買房，看房前應該先確認的兩件事

回到前面的故事，一般人確定要買房後，到底要先決定哪些事，再去找房仲看房子比較能夠精準對焦？

除了最重要的預算，我想還是你買房的目的。至於想要什麼樣的房子、屋齡、樓層、大小、位置、環境……應該都是在這兩個前提底下的事了。

別裝了！其實人人都是投資客

近年來，在各種打房、居住正義的言論，以及無殼蝸牛族對房價高漲的不滿下，談及房地產裡的「投資客」幾乎成了民怨眼中「黑心炒作」的代名詞，以及多數人對於生活無力感的宣洩出口。

好似多嘴幾句「投資客的不義之財、有錢人的空屋囤房」就可以安慰自己，生活裡屈居人下，都只是因為自己太老實，他

們太奸詐。最好多喊罵幾句，有天就會有一張大富翁裡的「均富卡」，讓房價爆跌回 20 年前的水準，大家都能輕鬆買房，過上富裕自在的生活。

我一直認為，人應該坦然面對想追求的目標，仇富不會讓你變得更富有，資本主義下妄想所謂的正義來救贖自己的貧困，更是一件可悲又可笑的事。清醒的人都知道，貧者越貧，富者越富，有時候不單是家世背景，而是出在你對生活的態度。

與其浪費生命，只顧著對上頭的人羨慕、嫉妒、恨，也許更該做的，是誠實面對自己的欲望，認清處境，增加實力，在周遭的人只出張嘴抱怨生活時，一步步地朝自己的目標靠近。

最後，除非有人買房時就坦然接受未來兜售時的價損，否則，憑什麼不停折舊的物件，卻會越用價值越高呢？面對吧！人人都是投資客。

畫重點

☑ 投資房和自住房最大的差異在「持有時間」，如果想要賣得好，就不能只想到自己。

☑ 買房離自己有一大段距離並不可恥，可恥的是嘴裡嫌棄萬般差，心裡念著不勞而獲最好。

長輩該有的新思維：
不留錢也不留債，足矣

　　傍晚時分，鄉下幾個 6、70 歲閒著無聊的老鄰居，相約到志博家抬槓。伴隨牌桌上嘩啦嘩啦的洗牌聲，大夥不約而同聊起巷尾大娥姊的八卦。

　　原來，前幾年大娥姊丈夫離世時，把家中的老透天獨留給了大娥姊，並且叮囑太過單純的妻子，「這年頭，孩子不可靠，留下房子給你，至少有個棲身之所，不用看孩子臉色。我留下的錢雖然不多，但省著點花，或用房子拿去以房養老，應該足夠你安度晚年。」

　　本來，大娥姊獨自一人過得倒也平靜，但偏偏那個惡名在外的兒子，把老爸留的遺產花光後，就把歪腦筋打到了自家老母頭上。

　　這不肖子不是洗腦式地胡亂講一些提早轉移財產的「節稅規畫」，就是對大娥姊勾畫「三代同堂」的美好情境，想讓老母親把房子過到自己名下，搬過來跟自己的小家庭一起住，以便

照應。

　　畢竟是自己養大的孩子，大娥姊雖然心知肚明兒子不可靠，這借錢揮霍的習性也非這一、兩日養成，終究敵不過老伴離世的孤單，以及對親情溫暖的渴望。儘管老伴生前耳提面命，但在獨子幾個月的軟磨硬泡下，她還是選擇鬼遮眼地把房子送給了兒子。

　　所有謊言都經不起時間的考驗，誰也沒想到，原本兒子一開始天花亂墜說好的：過戶後馬上來接她過去安頓，不要讓老母親孤單一個人住——誰知，這過戶後，假孝子瞬間原形畢露，不是打電話過去東推西扯說有事，要過些時候才有空安排，不然就是老婆有些微詞，需要溝通⋯⋯總之一句話就是：「請媽媽體諒我，再等等。」

　　起初大娥姊相信，「兒子應該沒有那麼壞，連自己的老母親都騙⋯⋯」可這一等三個月，還是沒下文，且隨著時間拉長，兒子的來電頻率越隔越長，從噓寒問暖拚命解釋，到三、兩句敷衍就急著掛電話——大娥姊終於肯面對自欺欺人的現實：兒子要房不要媽。只是，房子印鑑、權狀都出去了，還能怎麼補救？如果哪天兒子缺錢把房子賣了，又該怎麼辦？

兒子不孝，贈與的房子可以收回嗎？

　　說到贈與，可以從《民法》第 406 條來看：稱贈與者，謂當事人約定，一方以自己之財產無償給與他方，他方允受之契

約。也就是當事人雙方講好，一方要送，一方要收，這時贈與契約便宣告成立。

　　由這條法律規定來看，當大娥姊把名下的房子送給討房的兒子時，雙方訂的贈與契約在法律上便告成立。問題是，能不能反悔呢？

　　其實第一步，還是要確認房子是否已經完成過戶。依據《民法》第 408 條第 1 項規定：贈與物之權利未移轉前，贈與人得撤銷其贈與。其一部已移轉者，得就其未移轉之部分撤銷之。也就是說，如果房子還沒完成移轉，就還有轉圜餘地。

　　如果已經完成過戶了呢？這時，就要看有沒有符合第二種情況，當初贈送房子的同時，有沒有約定或者白紙黑字寫下相對的條件。依據《民法》第 412 條第 1 項的規定：贈與附有負擔者，如贈與人已為給付而受贈人不履行其負擔時，贈與人得請求受贈人履行其負擔，或撤銷贈與。

　　舉例來說，父母答應送房子，但也要求子女每個月提供 2 萬元的費用作為生活開銷所需，且奉養自己到終老。那麼當房子過戶之後，小孩卻搞失聯，完全沒有打算兌現這筆約定好的「負擔」，父母就有資格要孩子履行約定，補上該給的每月 2 萬元生活費，或者乾脆「你不守承諾，我直接撤銷贈與」，把房子拿回來！

　　如果以上兩種都沒有呢？那就要看送這棟房子，是否會造成大娥姊「不能維持生活」，因為依據《民法》第 416 條第 1 項第 2 款：受贈人對於贈與人有扶養義務而不履行者，贈與人得

撤銷其贈與。

不過，值得提醒的是，一般大眾心裡想的「扶養義務」和法律上所謂的「不能維持生活」往往有段距離。針對這一點，除非大娥姊名下無其他財產，或者因為贈與房子而導致生活困窘、三餐不濟等情況，否則提出並不容易。

該不該為了節稅，提早轉移財產給子女？

這世代由於媒體網路興起，節稅的訊息及財富傳承的觀念比起以往更加普遍傳遞，常常讓過了 60 歲之後的父母或多或少擔心，是不是也該替孩子想一想，提早做些財產規畫。

那麼問題來了，真的需要替孩子節稅布局，早早轉移名下財產嗎？

請容我開門見山地說：除非資產有 5000 萬元起跳的實力，否則對一般小康退休家庭來說，真的不太需要為了節稅，急呼呼地把資產提前移轉給兒女。

為什麼？原因說來直白，資產節稅規畫是「有錢人」才需要操煩的事。假如你的口袋就那麼 1、2000 萬元不到，首先，你無法預測退休後的實際開銷，是不是會有預料外的情況；再者，我國遺產稅的規定，遺產淨額 5000 萬元以下者課徵 10％，光是免稅額就有 1200 萬元的扣打，再加上各種扣除額，跟別國相比真的不算大。

最後，還是那句千古老話：「老了也要有錢在手，才不會淪

落至仰人鼻息。」自己的錢自己開心花，不香嗎？兒孫自有兒孫福，身為長輩要做的是把自己顧好，醫療開銷準備好，老年打算安排好。不給孩子添麻煩，已經是很福報的父母了。

延伸閱讀 **到底哪些遺產要扣稅？遺贈稅規定列給你看**

財政部 110 年公告發生之繼承或贈與案件適用遺產及贈與稅（下稱遺贈稅）法規定之免稅額、課稅級距金額、不計入遺產總額及各項扣除額之金額，如下：

一、遺產稅

◎免稅額：新台幣 1200 萬元。

◎課稅級距金額：

1. 遺產淨額 5000 萬元以下者，課徵 10%。
2. 超過 5000 萬元至 1 億元者，課徵 500 萬元，加超過 5000 萬元部分之 15%。
3. 超過 1 億元者，課徵 1250 萬元，加超過 1 億元部分之 20%。

◎不計入遺產總額之金額：

1. 被繼承人日常生活必需之器具及用具：89 萬元以下部分。
2. 被繼承人職業上之工具：50 萬元以下部分。

◎扣除額：

1. 配偶扣除額：493 萬元。

2. 直系血親卑親屬扣除額：每人 50 萬元。其有未滿 20 歲者，並得按其年齡距屆滿 20 歲之年數，每年加扣 50 萬元。值得提醒的是，由於《民法》第 12 條於 2021 年 1 月 13 日修正，將成年由滿 20 歲修正為滿 18 歲，並訂於 2023 年 1 月 1 日施行，屆時發生之繼承案件，未成年者每年加扣扣除額年數只能算到 18 歲。

3. 父母扣除額：每人 123 萬元。

4. 重度以上身心障礙特別扣除額：每人 618 萬元。

5. 受被繼承人扶養之兄弟姊妹、祖父母扣除額：每人 50 萬元。兄弟姊妹中有未滿 20 歲者，並得按其年齡距屆滿 20 歲之年數，每年加扣 50 萬元。

6. 喪葬費扣除額：123 萬元。

二、贈與稅

◎免稅額：每年 220 萬元。

◎課稅級距金額：

1. 贈與淨額 2500 萬元以下者，課徵 10%。

2. 超過 2500 萬元至 5000 萬元者，課徵 250 萬元，加超過 2500 萬元部分之 15%。

3. 超過 5000 萬元者，課徵 625 萬元，加超過 5000 萬元部分之 20%。

畫重點

☑ 很多長輩喜歡花錢買好聽話,老是寵了不肖子,又寒了孝子的心,也莫怪自己種因得果。

☑ 規畫財產,最怕因為怕便宜了政府,而急著轉給子女。相信我,人老了,把錢留在身邊,真的比較好。

有一種家人，
分產才竄出來！
到底誰有資格繼承？

　　小美的外公以 82 歲高齡去世，辦完喪事隔一個月，週末她跟著父親和代書叔叔回到母親鄉下老家。這一晚，小孩子被趕到一邊，客廳裡大人全員到齊，就是要討論喪事結束後大家最關心的議題：「爸爸（岳父）留下的財產，該怎麼分？」

　　外公年輕時一共生了七個小孩，但那時代鄉下條件不好，最後活下來的只有五個，分別是大阿姨、大舅舅、二阿姨、小美媽，還有小舅舅。其實，本來分產這件事也沒什麼好大陣仗的，一輩子種田的外公年輕時揮霍，除了祖厝還有幾塊多年沒人耕種的農地，也沒留下什麼財產。

　　偏偏前幾年市地重劃，鄉下這幾塊不毛之地頓時變為建地，身價大漲，開始出現打探出售的仲介。本來，因為田早就沒在種了，子女紛紛勸說老父親點頭答應；但老人家念舊，就是不肯應聲，加上後來一場病身子骨漸漸不行，這件事也就懸著，沒人敢吱聲。

外公這一走，家裡的大人又把這件事搬上檯面。外婆一輩子聽外公的，因為少了軸心骨，怕自己做不好決定，只好又請了外公的弟弟（叔公）來拿主意。

幾番討論後，大家對售地幾乎沒什麼疑慮，但對怎麼分就起了爭執。叔公率先點名，大阿姨、二阿姨和小美媽都是嫁出去的女兒，家族沒有女兒回娘家分產的道理；另外，哥哥之前就說過要給自己一份祖產，大嫂這一家子遺眷必須遵守哥哥生前的遺願。

這番話頓時引起外婆一家人的反彈。敢情，這找的不是幫手，而是匹想分一杯羹的豺狼？

一開始對於叔公「女兒不該分」頻頻點頭如搗蒜的舅舅們，這會兒也變了臉；家裡三個女人則直接皺起眉，外婆悲從中來覺得找錯了人，害了女兒；兩個阿姨本來就是火爆脾氣，聽到這直接出聲回嘴——畢竟，叔公雖然是爸爸的弟弟，但平時跟家裡借錢可一點也沒有在客氣，更沒還過。老父親疼弟弟，身為子女的沒好多說什麼，但人都走了還想來貪錢，這種長輩也不用對他太客氣。

一番脣槍舌戰之後，爸爸請來的代書叔叔看情況差不多，終於開口調停，表示依照法律規定，女兒也是有繼承權的；至於遺願，則是要看叔公有沒有哥哥的遺囑或其他證據，否則在法律之前，都只能算是「口說無憑」。

這番話讓叔公急得跳腳，將槍口對準了找代書來的小美爸，怒氣沖沖地表示，「小美媽都過世好幾年了，怎麼，人都走了

還想分，天底下難道還有女婿來分岳父錢的道理？」

這個晚上，小美在一旁的房間裡和表弟妹看電視看到半夜，大人才相繼過來帶孩子離開。

到底誰才是法律上的繼承人？

分產的狗血八點檔劇情多到說不完，除了貪念使然，很多情況其實還是出自對法律的「不了解」。如果先不管協議、遺囑下的例外情境，《民法》第 1138 ～ 1144 條已明訂，有資格繼承者分五種，且依各自的應繼分去計算繼承比例：

配偶與第一順位繼承人（直系血親卑親屬）：均分。

配偶與第二順位繼承人（父母）：配偶½、其他繼承人均分剩餘½。

配偶與第三順位繼承人（兄弟姊妹）：配偶½、其他繼承人均分剩餘½。

順位	當然繼承人	繼承比例	繼承人	繼承比例
1	配偶與直系血親卑親屬均分			
2	配偶	½	父母	½
3	配偶	½	兄弟姊妹	½
4	配偶	⅔	祖父母	⅓
無以上第 1 到 4 順位繼承人時，配偶應繼分為遺產全部				

配偶與第四順位繼承人（祖父母）：配偶⅔、其他繼承人均分剩餘⅓。

僅配偶繼承：全部。

　　要注意的是，不是只要在四種順位上出現就有資格分產，只要前一順位有人活著並繼承，後面順位的人就沒得分。

　　以前面的故事來說，小美的叔公是第三順位，所以在第一順位外公的子女都還在的情況，是輪不到叔公這個弟弟來分產的。而以小美來說，雖然父親身為女婿沒有資格分岳父的遺產，但是按照《民法》第 1140 條：第 1138 條所定第一順序之繼承人，有於繼承開始前死亡或喪失繼承權者，由其直系血親卑親屬代位繼承其應繼分，因為小美是直系血親卑親屬，所以能夠代位繼承媽媽原應該分到的比例，也就是外公遺產的⅙。

「本位繼承」和「代位繼承」差在哪？

　　關於直系血親卑親屬的代位繼承，一般人好像或多或少有模糊的概念，但真的了解多少？這裡舉幾個變化的例子：

　　外公走後留下 4200 萬的遺產，由於第一順位繼承人加上代位繼承的規定，所以小美可以和外婆加上 BDEH 四人一起均分，每人各繼承⅙，也就是 700 萬。

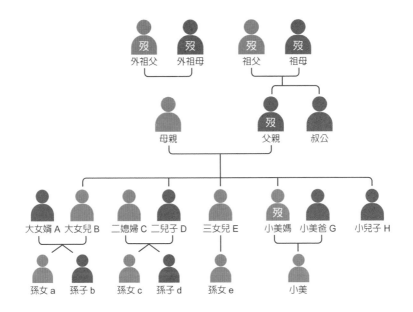

Q1：B 和 E 兩位阿姨，如果都聽叔公的話選擇拋棄繼承，那麼小美可以分多少？

《民法》第 1176 條第 1 項：第 1138 條所定第一順序之繼承人中有拋棄繼承權者，其應繼分歸屬於其他同為繼承之人。

A1：答案是 4200 萬的 ¼：1050 萬元。另外，由於是自家母親拋棄繼承，所以 abe 皆無法代位繼承。

Q2：BDEH 幾位阿姨和舅舅皆選擇拋棄繼承，那麼小美還可以分多少？

《民法》第 1176 條第 5 項：第一順序之繼承人，其親等近者均拋棄繼承權時，由次親等之直系血親卑親屬繼承。

《民法》第 1141 條：同一順序之繼承人有數人時，按人數平均繼承。但法律另有規定者，不在此限。

A2：當 BDEH 皆選擇拋棄繼承加上小美母親歿，變成子字輩無人繼承，這時候就會從「代位繼承」變成「本位繼承」，由孫字輩小美加上 abcde 和外婆去平分外公留下的遺產，也就是 4200 萬的 $\frac{1}{7}$，每人 600 萬元。

發現問題了嗎？從「代位繼承」變成「本位繼承」，雖然對外婆、小美家和 E 家來說，只是從 700 萬變成 600 萬的差距，但對 H 家來說可是從 700 萬變成 0 的差別。

這個例子要告訴大家，就算我們不是大富大貴人家，但凡談到分產，最好還是多花點小錢問專業，法條弄清楚、金額算明白，才不會搞了半天因小失大，無處哭訴。

畫重點

☑ 有些陋習就算存在，並不表示理所當然。關於分產，法律還是有給人民很多基本保障。

☑ 聽信親友的胡亂建議，導致遺產分不到該分的案例多了，還是要奉勸一句：大錢面前，何苦省那點小錢？

繼承登記

白天處理喪事，
晚上處理遺產！三兄弟
分六間房，沒有共識怎麼辦？

　　俗話說得好，「談錢傷感情。」這句話在分產上，表現得最為淋漓盡致。

　　父親剛去世，承恩一家還來不及收拾悲傷的情緒，接踵而來的卻是兄弟間的房產分配。原來，承恩的父親年輕時靠著打拚，一路走來也置產不少；只是走得突然，都沒交代房子該怎麼分，讓大夥出現了分歧的意見。

　　承恩的父親名下房產有六棟，除了三個兒子婚後搬出去住的新房，兩老在世時住的老家，另外還有兩間在收租的老公寓。本來，六處地三兄弟，一人兩處剛剛好，問題是，除了各自住的那一間房大家沒有意見，另外三間到底要怎麼分，問題可就多了。

　　大哥表示：身為長子，老家由我繼承理所當然。

　　二哥認為，大哥是貪圖老家的價值最高，畢竟相較於其他兩間老公寓僅 5、600 萬的市價，老家因為靠近市中心，目前市

場行情已經喊到近千萬，更看好後續漲勢。如果沒分到老家，這也太虧了！

老三承恩雖然對老家由誰繼承沒有意見，但希望不論是誰分配到，都應該留下來，而不是為了那點錢，輕易賣掉父母打拚這些年的心血及回憶。

於是，三兄弟白天人前一家兄弟同悲的模樣，哀切地處理喪葬法事，晚上則是一團混亂，討論著房子到底該如何取得共識才公平。

怎麼分都有意見，可不可以放著不管？

這天，承恩一身疲憊從老家回來，妻子忍不住心疼，「既然你也沒有要爭，現在這棟房子也夠住，是不是就不要管了？反正大家僵持住，老家也就是那個樣子，反而如你所願？」

雖然在許多案例中，有些人家因為無法取得共識，索性就乾脆一直放著不管，但這也是不建議的。因為，首先依《土地法》第 73 條第 2 項規定，承恩的老爸死後，三兄弟應於 6 個月內聲請繼承登記，每超過 1 個月就會有登記費額 1 倍的罰鍰，最高不超過 20 倍。

再來，《土地法》第 73 之 1 條又提到：

房子如果超過一年未辦理繼承登記，經查明後，該管直轄市或縣市地政機關會於每年 4 月 1 日公告，繼承人應於 3 個月內聲請登記，逾期未聲請者，即予列冊管理 15 年。

15 年後若還是不聲請繼承登記，房子就會由地政機關移請財政部國有財產署標售。到這裡，分兩條路：如果有賣掉，標售的錢國家會幫你專戶儲存，繼承人可依法領取；如果房子經標售 5 次減價仍沒有賣掉，這時房子就會登記為國有，繼承人僅能向國有財產署依第 5 次標售底價，按其法定應繼分分算發給價金。

到這裡，房子是要不回了，你只能領錢。但如果再過 10 年，你仍然沒消沒息，沒把自己的那一份拿走，那不好意思，兩條路殊途同歸，錢最後都會歸國庫，國家感謝你的貢獻。

既然沒法取得共識，乾脆自己來？

好了，不能不繼承，又誰都不肯退讓，該怎麼辦？這個問題，承恩後來在同事彭元的開導下得到了答案。原來，去年彭元的外公過世，媽媽那一輩四個子女也因為分產的事，吵得沸沸揚揚。

一下子小舅嚷著，「嫁出去的，不能分！」一下子大舅叫著，「爸爸之前說過，長孫就要多分一份！」雖然外公生前，家裡是明顯重男輕女沒錯，但兩個女兒也不是逆來順受之人，要哥哥拿出證據、要弟弟閉嘴，自己只是拿回該有的權利。

加上外公走得突然，沒有遺囑，更別說是詳細的財產分配，於是最後爭吵無果，也是請教代書，由媽媽跟阿姨先去辦理公同共有，沒分到個公平，爸爸的財產誰也不要動。

如同彭元家的案例，其實因為分家產沒有共識這種家庭狗血劇太多了，《土地登記規則》第 120 條第 1 項早就明定，房產的繼承若無法取得共識如何分配，可以先由一人或數人就被繼承人的土地，申請公同共有登記。也就是房子登記是大家的，沒有所有人同意，誰也不能處分房子。

以承恩家來說，三兄弟若是只剩三棟房沒有決定好分配方式，便可以在分割協議書上把有共識的三棟房作分別共有，另外三棟作公同共有。等到日後三兄弟協商出個結果，再來把公同共有申請為分別共有。

至於如何將土地從「公同共有」變更為「分別共有」？原則上有兩種方式：第一種是全體共有人都同意的情形下，即可採書面協議的方式，逕向地政事務所辦理；第二種是如有任一共有人不同意的情形下，必須由其中一位同意的共有人向法院提起「分割遺產」訴訟，訴請法院將土地的「公同共有」變更為「分別共有」。

結論是，遺產談錢雖然傷感情，但不談更傷情分。最傻就是大家僵持著，傷感情又傷情分，更傷荷包呀！

申請繼承登記流程怎麼跑？

▲資料來源：內政部地政司網站

一、申請繼承登記前，請至下列機關辦理相關程序：

1. 戶政事務所

①申請被繼承人死亡或死亡宣告登記及被繼承人除戶戶籍
  謄本

②申請繼承人現戶戶籍謄本

③申請繼承人印鑑證明（欲申請分割繼承登記者，全體繼
  承人於申請登記時必須親自到地政事務所核對身分，如
  無法到所，可先至戶籍所在地的戶政機關申請印鑑證明
  替代）

2. 國稅局

3. 地方稅務局或稅捐稽徵處

4. 地政事務所

二、分割繼承登記應附文件

1. 土地登記申請書

2. 登記清冊

3. 遺產分割協議書正、副本各 1 份（正本須按協議成立時不動產權利價值總額千分之一貼用印花稅票）

4. 戶籍謄本（被繼承人除戶謄本及全部繼承人現戶謄本），如登記機關能以電腦處理達成查詢者，免檢附

5. 繼承系統表 1 份

6. 遺產稅繳（免）納證明書正本、影本各 1 份（應經所轄稅捐分處查註「查無欠繳地價稅費」「查無欠繳房屋稅費」戳記）

7. 印鑑證明（須檢附被繼承人死亡日前 1 年以後核發之印鑑證明，所有繼承人各 1 份，但遺產分割協議書經公證、認證或由地政士簽證者，得免附）

8. 土地、建物所有權狀、他項權利證明書（書狀遺失未能檢附時，得檢附切結書辦理）

9. 如有繼承人拋棄繼承權者，另需檢附法院准予備查之證明文件

10. 其他依法令規定應附文件

畫重點

☑ 繼承最傻就是談不攏，大家僵持著比氣長，傷感情又傷情分，更傷荷包。

☑ 不想人一走，孩子便兄弟鬩牆，最好人走之前趁著餘威，該分的先分一分。

進修班

Part 5

前車之鑑：
房地產詐騙

買房時笑著都說好，
賣房時翻臉要分一半……
借名登記最大問題在哪？

　　62 歲的孫伯接近退休年紀，這兩年總想著學朋友買間房當包租公，投個幾百萬，然後每個月萬把塊的租金穩穩收，也算是穩定的現金流。

　　這不，在他認真做功課下，最近看上了一棟合適的小透天。過程中，出價也算順利，只不過在申請貸款時出了點問題。原來，因為孫伯和孫嫂的年紀已瀕臨申辦銀行房屋貸款年齡最高 65 歲之限制，再加上目前居住地的房貸尚未還清，沒有用現金買房的打算；如此一來，銀行不是條件開得極差，就是根本不給申辦貸款。

　　在一連串家庭會議後，最後孫伯借用大兒子及大媳婦的名義辦理登記，以提高銀行貸款成數和條件。孫伯用自己的名義轉了 190 萬元到大兒子戶頭，剩下的款項也陸續藉由家人的名義轉過去，最後統一由大兒子把錢匯進履約保證帳戶。

　　順利過戶之後，仲介也即刻向孫伯辦理交屋，並將房屋的

所有權狀正本點交予他。一家人欣喜不已，孫伯將房屋打理過後，交由仲介出租，樂呼呼開始過起房東生涯。

一個月 2 萬的收租生活就這樣過了 3 年，因為近來房市大漲，讓孫伯有意賣掉小透天套利先賺一波。他一邊找房仲銷售，一邊叫兒子請大媳婦申請印鑑證明，以利之後房子售出辦理買賣過戶，過程中也順道包了 10 萬塊紅包，作為借名登記費用，感謝媳婦出名。在幾週的不懈努力下，孫伯以兒子和媳婦代理人的身分成功簽約。

一切看起來順利得不得了，但誰也沒想到，就在簽約成功隔天，大媳婦突然離家出走，還拒接家人的電話。她向仲介公司表示沒有借名登記這件事，自己已經辦理變更印鑑證明，這間房屋是孫伯當初送給自家的。現在除非孫伯同意將出售價金分一半給自己，否則她不願意配合提供印鑑證明辦理過戶。

為什麼那麼多人愛借名登記？

所謂借名登記，依最高法院判決之定義，是指「當事人約定一方將自己之財產以他方名義登記，而仍由自己管理、使用、處分，他方允就該財產為出名登記之契約」。

借名登記在台灣非常常見，不論是為規避法律上的資格限制（例如農地、原住民保留地、國宅、軍眷宅）、為規避稅捐（例如地價稅累進稅率）、躲避債務、債信（例如為取得較低利息、增加借貸金額）、基於夫妻或父母子女情誼、單純隱匿

財產（例如避免朋友借錢、公務員身分）、宗教寺廟廟產登記於自然人名下、為共同出資投資等，原因可謂花樣百出。

太多人把借名登記想簡單了！

但翻開訴訟案例，為什麼借名登記的問題這麼多？往往還是歸因於，一般人根本沒深思熟慮，像是借名登記的約定是否有效？有沒有可能出名的親友上一秒親暱答應，下一秒翻臉不認人，反過來侵占財產？出名的親友在外欠錢，會不會導致自己在他名下的財產被查封？借名登記時間久了，財產有沒有可能要不回來？

前面的案例雖然突兀，但事實上在大媳婦幹出這事之前，發給孫嫂的一封簡訊中，就可以看出端倪，「媽媽，我們準備離婚了，得知你的房子要賣，不過我必須跟你們說，我還是有我要爭取的……」

這再次說明了一個偉大的道理：不要在金錢面前，考驗人性的貪婪。

沒經金主同意就賣房，能要回來嗎？

事實上，法院目前對借名登記並不是很友善，因為多數認定你會幹這檔事，多半還是以逃稅、虛偽為目的。

所以在最高法院 2017 年 2 月 14 日第三次民事庭會議，通過

了有關借名登記之決議：借名人甲與出名人乙就特定不動產成立借名登記關係，乙未經甲同意，將該不動產所有權移轉登記予第三人丙，其處分行為效力如何？

決議：採甲說（有權處分說）：不動產借名登記契約為借名人與出名人間之債權契約，出名人依其與借名人間借名登記契約之約定，通常固無管理、使用、收益、處分借名財產之權利，然此僅為出名人與借名人間之內部約定，其效力不及於第三人。出名人既登記為該不動產之所有權人，其將該不動產處分移轉登記予第三人，自屬有權處分。

引用上面故事的角色，白話文的意思就是：今天假設被借名的大媳婦和大兒子，聯手偷偷賣掉了孫伯的房給第三人阿貓後，才被孫伯發現自己的房子居然被不肖子媳賣掉。

不好意思，這房子是要不回來了，孫伯不能主張「這真的是我的房子，老子只是借名登記呀」，而向阿貓要求把房子還回來。他能夠做的，僅僅是把大兒子和大媳婦一狀告上法院討賠償，並須提出資金、權狀等證據，證明自己為實際所有權人；如果無法舉證，仍可能敗訴。

也因此坊間常常會提醒，若想預防借名登記的可能副作用，也許可利用信託、預告登記等方法限制，但效果有多少呢？只能說，就算無法百分百杜絕後患，金錢合約面前，多一層保護總是好的。

我照規矩買，有事你找他！什麼叫「善意第三人」？

不動產以登記為主，其中有一法條非常重要，值得牢記在心，那就是《民法》第 759-1 條：不動產物權經登記者，推定登記權利人適法有此權利。因信賴不動產登記之善意第三人，已依法律行為為物權變動之登記者，其變動之效力，不因原登記物權之不實而受影響。

政府開放土地謄本上的所有權人資料給相關人等查閱，利用透明化的制度保障交易的安全，而 759-1 條就是在說：買受人可以信賴謄本上登記的所有權人，就是有資格售屋的屋主，而安心交易。只要你是信賴登記資料而購買的善意第三人（不知情買方），就算後來發現房子之前的所有權有問題，也不干你的事。

請記住，法律真的不公平，且只保障懂它的人。

畫重點

☑ 不要在金錢面前考驗人性，十賭九輸這件事，有時候你以為的自己人比外人更敢要。

☑ 《民法》第 759-1 條值得記下來，這讓許多倒楣屋主眼睜睜看著別人鳩占鵲巢卻又無能為力。

為了節稅賠掉一棟房子，
這個房東做錯了什麼？

如果你是房東，會為了節稅需求，把戶籍地址留在出租的房子裡嗎？

幾年前有一則網路新聞引起極大的迴響，故事大意如下：

某房東將自家透天厝出租，為了省點稅賦，和房客打了個商量：能不能將戶籍依舊放在房子裡，如果收到自己的信件，還請房客代為照應。

本來，這樣幹的人本就不少：一來，覺得不過是信件，能出什麼大問題；二來，戶籍擺在裡頭，到時以自用的名義報稅，差的錢可不只是那一絲半點。

一開始，這個房客也確實乖巧，基本上除了每月定時的租金到位，讓人還記得他的存在以外，平時也不會為了雞毛蒜皮的小事，來吵著要自己處理，房東舒心地覺得找到了好房客，所以平時也是放心地互不打擾。

誰知就在七、八個月後，房客的租金就這麼突然不繳了。本

來房東心想，偶爾晚個幾天也沒啥大不了，但幾番聯繫下，房客居然音訊全無，讓房東擔心了起來，決定跑一趟出租處。

結果不來不知道，一來嚇一跳。開門的房客居然是生面孔，還向他表示「這是我和前任屋主剛買下的新房子」，並拿出所有權狀宣示主權。

這位房東頓時慌了，「我就是屋主本人，怎麼不知道有這件事？」一問之下，才知道這位新屋主口中稱的「前任屋主」，就是那位斷了聯繫的舊房客。該名房東在驚慌之下，衝到地政事務所調謄本，才不得不接受房子真的已經莫名其妙變成別人的事實。

一開始，房東以為是印鑑證明、權狀、印鑑章遭到盜用，趕緊跑到銀行查看，結果一看全部都在。後來到警局報案才發現，該透天厝是遭法院拍賣。

原來，該名房客偽造房東千萬本票，向法院申請本票裁定。法院將本票裁定雙掛號寄到戶籍地，但戶籍地是由房客收發信件，所以房東完全被蒙在鼓裡，無法在時間內提出抗告。結果房客就這樣順利向法院申請拍賣透天厝，且在第一拍流標後，直接告知法院願意承受房子，接著用最快速度透過房仲低價售出。

值得提醒的是，這樣的詐騙案例通常主要出現在貸款已繳清的物件上，不然房子上面有抵押權，在拍賣的時候就會多了銀行的角色（身為債主，來分錢的），也增加銀行找債務人確認的機會。

另外，這裡也補充《非訟事件法》第 195 條給大家參考：發

票人主張本票係偽造、變造者，於前條裁定送達後 20 日內，得對執票人向爲裁定之法院提起確認之訴。發票人證明已依前項規定提起訴訟時，執行法院應停止強制執行。但得依執票人聲請，許其提供相當擔保，繼續強制執行，亦得依發票人聲請，許其提供相當擔保，停止強制執行。

房屋詐騙手法多，支付命令也在其中

其實時間往前推，類似手法一直出現在新聞媒體中。

早年詐騙集團最愛用的「支付命令」也是如此，仗著大眾對法律不熟稔，以及「詐騙信件不用理會」的錯誤認知，讓許多人直接錯過 20 日內提出異議的機會。

儘管主管機關與立法院也在 2015 年修法《民事訴訟法》第 521 條，使得支付命令被確定而遭詐騙集團強制執行，查封你的房屋時，你還是可以向對方提出民事訴訟，對法院提出「確認債權不存在之訴」，否認有這個債務，要求暫緩或不得強制執行你的財產，但此時就變成你要繳交裁判費或提出擔保金，以暫時停止執行。

而且，重點來了，這些救濟前提，還得建立於你發現得夠早，來得及阻止一切；或者是手腕高超，找得到那個賣你房、騙你錢、早已不知去向的壞傢伙。不然，當房子已經跑完流程，過戶到善意第三人之手——不好意思，你是不能向他討要房子的。

身為屋主，有些事不能便宜行事

當然，詐騙手法族繁不及備載，像是「賺了百萬違約金，換來房子千萬債」「詐騙集團以身分證件遺失為由，冒名補辦變更印鑑，申請新土地所有權狀」……賠上一間房的代價，說到底，這些受害者到底做錯了什麼？身為屋主，平時又有什麼防止被詐騙的好方法？本篇整理了幾個重點分享給大家：

1. 如果是出租，請記得把戶籍遷走，不要今日省了小的，明日虧了大的。

2. 如果不住在戶籍所在地，應定時回去收信，以避免錯過重要信件。

3. 權狀、印鑑章、印鑑證明及身分證件應妥善保管，不要任意交給別人。

4. 房子已繳清房貸的屋主，要銷售時，可以乾脆辦一個理財型房貸，讓房子謄本上有抵押權。

5. 如果並非透過有品牌的房仲公司，而是選擇自行買賣，可以找雙代書確認買賣流程。（買方找一位信任的地政士，賣方找一位信任的地政士。）

6. 申請「地籍異動即時通」，系統會透過手機簡訊或電子郵件方式，主動通知地籍異動，以減少發生偽冒貸款或產權移轉之情形。

（一）**臨櫃申請**：土地或建物登記名義人本人或其法定代理人提出申請（申請書）由任一登記機關受理申請。

申請之土地或建物權利分屬不同直轄市、縣（市）之登記機關管轄者，申請書以同一直轄市、縣（市）為單位分別填寫。

（二）**網路申請**：地政線上申辦系統網址：

https://clir.land.moi.gov.tw/cap/

（三）**併土地登記案件申請**：土地登記案件之權利人本人或其法定代理人提出申請。

「地籍異動即時通」服務申請表（範例）

受理機關		市、縣		地政事務所	
申請日期		年 月 日	收文編號		
申請類別		□新申請　　□資料變更　　□終止服務			
*申請人資料	姓名或名稱		統一編號 （僅供本服務作業使用）		（簽章）
	法定代理人		統一編號 （僅供本服務作業使用）		（簽章）
*不動產所在之鄉鎮市區		（請自行填寫）			
通知方式 （請勾選，可複選）		□簡訊，國內手機號碼： □電子郵件，電子郵件信箱：			
本服務同意條款		□申請人已審閱明白並同意遵守本服務各項規定（詳見下方服務說明及免責聲明）。請簽章： _____			

▲「地籍異動即時通」服務申請表（截圖：台北市政府地政局網站）

畫重點

☑ 所有的便宜行事都是在賭，想偷懶不是不行，只是你
賭不賭得起那個萬一的下場。

☑ 地籍異動即時通是個實用的東西，只要是屋主，都建
議找時間辦一辦。

騙租金

租屋網上看到超便宜物件，
別高興得太早！
兩詐騙手法要學乖

　　如果有個人拿鑰匙幫你打開門，介紹房子出租事項，你會不會以為他是房東？

　　為了在桃園租房子，昱婷在 591 租屋網看了好些日子，偏偏最近的出租物件不多，不是價格太高，就是照片裡的屋況太恐怖，連約看房都意興闌珊。

　　好不容易，昱婷這天難得起了個大早，順手刷網頁，欣喜地發現，新上架有個租屋物件，不但在預算範圍內且地點方便，屋況看起來也很正常。這讓她欣喜若狂，秉著租屋一定要搶快的精神，立馬就和屋主約了當天最早的看屋時間。

　　下午兩點鐘，昱婷來到復興南路附近，撥了早上留下的聯絡人電話。沒多久，一位穿著 POLO 衫的胖大叔前來，表示自己是房東，要帶昱婷看屋。

　　一路上，兩人開始閒聊租屋的原由。大叔表示，這間房原本打算給即將畢業的妹妹住，卻因為工作的關係空了出來，但裝

潢幾乎全新，想說乾脆租人，補貼點生活費也勝過放著，才有這麼便宜的價位。大叔強調，也因為這樣，自己希望租到的是乖巧的房客。

昱婷聽完，立馬點頭稱是，表示自己不但按時交租且有潔癖，對於家裡的環境維護，一向不遺餘力，絕對會是愛護屋況的好房客。

兩人走到房子前，大叔拿出遙控器，打開鐵門，從一樓車庫開始一一介紹。事實上，不到 10 分鐘，昱婷就暗自決定「一定要租下」。這間房子不但沒有「照騙」，空間也比想像的大，而且正如同大叔說的，屋況非常好，家具也漂漂亮亮，以現在的價位根本就是超稀有物件！

為了避免好不容易搶到的物件稍縱即逝，昱婷連價格也沒砍，就直接表示租房意願。兩人坐下簽約後，她喜孜孜地從 7-11 提款機領了 3 萬元給大叔，算是兩個月押金及一個月的定金，下星期月初就立馬搬進來。為了方便聯繫，離開前昱婷還特地和大叔交換了 LINE，約定好下次見面時間。

迅速解決完租屋大事，回到家的昱婷開心不已，在心裡規畫加緊腳步打包，好趕上新合約的搬家日期。然而她這時還不知道，接下來要面對的麻煩事，還沒開始呢！

手拿鑰匙幫你帶看的房東，未必是真屋主

既然我們開門見山說了「你以為的房東，未必是真的屋

主」，那麼昱婷的下場如何，可想而知。假的合約、假的房東、假的承諾，唯一真的就是付出去的 3 萬塊，以及接下來想辦法追討的漫漫長路。

事實上，租屋詐騙的類型，不只有這一種。除了利用短租假扮房東的「真人帶看」，多年前我就聽過另一種更簡便的手法，連「假房東」都沒碰到面、聽到聲音，租客就傻呼呼地把錢給匯出去了。

聽起來很離奇，但聽我娓娓道來，也許你就能理解。另一種租屋詐騙的手法，通常物件在網路上也是照片漂漂亮亮，條件很好，可能是捷運旁、家具齊全，還能養寵物，重點是價錢硬是比行情便宜了一截。

基於租屋市場的熱絡，通常只要有一些找房經驗的人，看到這種物件，下意識都是眼明手快，想立刻先下手為強，以免錯過先機。

但問題就是，這個時候你會發現，網頁上的聯絡電話怎麼都打不通。

基於好物件怕被別人搶先的心情，你可能下一步就是連忙寄 mail 給屋主，表達看屋的意願。沒多久，屋主回覆了，還客客氣氣在信中表示，「我臨時出差人在國外，這幾天就回國了。要不然，你先匯 5000 元訂金，我幫你保留優先租屋權。如果到時看屋真的不喜歡，就原金額全部退還給你。」

如果是你，你匯不匯？

租屋詐騙的關鍵，就吃定你不仔細的信任

其實，不要覺得被騙的人實在太笨，一定是少數。幾年就重複一次的詐騙案例一再證明，如果物件條件真的好，急著付錢的人多的是。

首先，情境塑造上，害怕自己好不容易找到的好物件被別人搶先的焦慮感；再來，一般人在沒有相關經驗的情況下，都不會擁有「這可能是詐騙」的直覺；最後，就算你當下稍微理智一點，發現好像有點風險，也很可能會想，大不了被騙，最多就是損失幾千塊，而說服自己壓下疑問。

以小博大，只能說，這都是人性呀！一隻肥羊宰 5000 元，你覺得他這一單宰了幾隻呢？一個假 mail，連人都沒見到，就可以隨便詐騙好幾萬；等事情爆開，再把假帳號收起來，乾淨俐落，遇到的，幾乎都只能認賠學教訓。

說到底，租屋詐騙其實關鍵就是吃定你的不夠仔細，還有那些「只要拿著鑰匙，幫我開門的人就是屋主」這種沒來由的錯誤信任。

三招教你預防租屋詐騙，不當笨蛋

租屋到底該怎麼預防這些情況呢？這裡給大家三個原則：

1. 簽約步驟要按部就班，不要便宜行事

該對證件的就對，是所有權人、代理人還是包租業者，相關證明文件要大膽要求看仔細。

2. 心裡有疑慮，就寧可多等等

在詐騙事件中，自己說服自己的可愛場景太多了：「他應該不會費這麼大工夫，騙我這種小錢！」「大不了損失，也就這幾千塊！」「會不會是我不懂行規，這樣是正常 SOP ？」……記住，相信直覺，弄清疑慮。

3. 天底下的好事，不會平白無故落在你頭上

如果你是個平常刮刮樂中兩百元都很困難的人，怎麼會相信自己幸運到隨便看個租屋物件，就能找到比市場行情便宜一大截的樂透？老話一句：偏離行情，多半有鬼；天上禮物，未必是福。

畫重點

☑ 手拿鑰匙幫你帶看的房東，未必是真屋主！有些事寧可冒昧一點，可以少走很多冤枉路。

☑ 天下沒有白吃的午餐，舉凡天上掉下來的禮物，想拆前都請自己掂量掂量：「你，憑什麼？」

大師班

Part 6

多懂就是多賺：
房地產節稅

我跟孩子住在前夫的房子裡，能申請地價稅「自用住宅」嗎？

常言道：「一段感情往往是因誤會而開始，因了解而分開。」這對不久前剛辦完離婚手續的怡君來說，感觸很深。

幸好，不幸中的大幸，和其他四十歲後中年離婚的夫妻相比，兩人的分手協議算是很和平，就算離婚也有一起妥善照料孩子的共識；再者因為經濟能力和金錢觀相當，對於財產的部分，兩人都沒有太多著墨。

於是婚後買的房子一拆為二，帶著孩子的怡君分到了土地，前夫分到了房子。這樣彼此就算要變賣，對方也能優先決定是不是要買下來。因為不希望讓孩子的生活環境變因更多，怡君和前夫協議，在兩人的人生有下一步具體規畫前，大家就維持室友關係，一家人還是先住在原本的房子裡。

一切在外人看來，這對夫妻的決定十分突兀，這場婚離得似乎和沒離一樣。然而怡君心底明白，有些關係變了就是變了，就算表面看不出來，但不一樣就是不一樣了。

這不，聽著朋友討論 9 月自用住宅申請截止，還可以省 4 倍稅金，讓怡君突然心頭一愣，「對喔，土地 8 月過到自己名下，這樣今年應該是自己要繳地價稅，是不是也該去申請自用住宅呢？但話說回來，雖然真的是住在裡面，自己和小孩也設戶籍在裡面，這樣符合申請資格嗎？」

稅金差 4 倍以上！地價稅「自用住宅」的申請資格

地價稅的一般用地基本稅率為千分之 10，隨著土地所有權人在同一縣市土地地價總額高低，適用稅率會從千分之 10 到千分之 55 累進課徵。至於自用住宅用地稅率則是千分之 2 課徵，稅率低且不累進，所以自用住宅用地和一般用地之地價稅稅率相差達 4 倍以上。

申請地價稅「自用住宅」的條件有哪些？如下：

❶ 每年 9 月 22 日（含當日）前申請。

❷ 土地上的房屋為本人或配偶或直系親屬（子女、父母、岳父母、祖父母……）所有。

❸ 本人或配偶或直系親屬有一個戶籍掛在房子裡。

❹ 房子沒有出租及營業使用。

❺ 都市土地以 3 公畝（90.75 坪）為限，非都市土地以 7 公畝（211.75 坪）為限。

❻ 土地所有權人與其配偶及未成年之受扶養親屬以一處為限。

地價稅特別稅率	
稅率	適用土地
2‰	自用住宅用地、勞工宿舍用地、國民住宅用地
6‰	公共設施保留地
10‰	工業用地、加油站、停車場（不含臨時路外停車場用地）等事業直接使用之土地
10‰	公有土地（按基本稅率徵收）
地價稅一般用地稅率	
稅級別	應徵稅額
第 1 級	課稅地價（未超過累進起點地價者）× 稅率（10‰）
第 2 級	課稅地價（超過累進起點地價未達 5 倍者）× 稅率（15‰）－累進差額（累進起點地價 × 0.005）
第 3 級	課稅地價（超過累進起點地價 5 倍至 10 倍者）× 稅率（25‰）－累進差額（累進起點地價 × 0.065）
第 4 級	課稅地價（超過累進起點地價 10 倍至 15 倍者）× 稅率（35‰）－累進差額（累進起點地價 × 0.175）
第 5 級	課稅地價（超過累進起點地價 15 倍至 20 倍者）× 稅率（45‰）－累進差額（累進起點地價 × 0.335）
第 6 級	課稅地價（超過累進起點地價 20 倍以上者）× 稅率（55‰）－累進差額（累進起點地價 × 0.545）
累進起點地價：以各該直轄市或縣（市）土地 7 公畝之平均地價為準。但不包括工業用地、礦業用地、農業用地及免稅土地。（各直轄市、縣市累進起點地價均不相同，實際金額請逕洽各直轄市、縣市地方稅稽徵機關查詢）	

延伸閱讀 | **地價稅自用住宅用地稅率申請書表及範例下載**

https://www.etax.nat.gov.tw/etwmain/etw212w/detail/7584187684831121337

▲若遇上政府網頁改版，請直接至「財政部稅務入口網」＞書表及檔案下載＞申請書表及範例下載＞點選「地價稅」找尋最新資訊

那麼，怡君符合申請條件嗎？答案是「沒有」，因為她並不符合第二項條件：土地上的房屋為本人或配偶或直系親屬。

　　既然離婚，儘管兩個人的小孩戶籍也還是掛在裡面，或實際關係還是很密切，但法律上的認定就是外人了。所以前配偶（前妻、前夫）這種關係，並不符合申請資格。事實上，換個角度想就能夠理解，如果前夫的房子也符合「自用住宅」，那麼有過很多段婚姻的人，不就會讓這定義變得太廣闊？

　　同樣的邏輯，我們來看另一種常見的情況：老家的房子，爸媽過戶給了長子志明，但爸媽過世後，志明又在工作的縣市買房，於是自己遷出老家戶籍，只留住在老家的弟弟還有戶籍在裡面。

　　問題來了，志明可以替老家申請「自用住宅」嗎？

　　答案跟怡君一樣是否定的，不符合第二項，兄弟姊妹是旁系親屬，而不是直系親屬。

　　如果志明的祖父和弟弟同住，也設籍在裡面呢？答案是只要志明自用住宅用地的加總面積不超過優惠條件，第二間外縣市買的房也可以同用「自用住宅」稅率。

　　由於第六項表明了：土地所有權人與其配偶及未成年之受扶養親屬以一處為限。所以，如果換成是妻子和弟弟同設籍在老家裡面，志明最後就只能兩處選擇一處（通常會建議選稅金高的）來申請「自用住宅」稅率。

誰會收到稅單？8 月 31 日是關鍵

誰會在接近 11 月時，收到地價稅單？誰需要繳交今年的地價稅？其實每年的納稅義務基準日，8 月 31 日是關鍵，當天土地登記簿上所記載土地所有權人或典權人，為地價稅的納稅義務人。

白話來說，就是地價稅當年的稅單，都是寄給 8 月 31 日的所有權人。以怡君來說，理論上今年地價稅單也會寄給她。但誰收到稅單就是誰繳全額嗎？這可就不一定了。

有買賣過房子就會知道，通常在簽約代書拆算的時候，就會講明地價稅是屋主要補貼買方多少錢，或者買方要補貼屋主多少錢。這是因為地價稅的課徵期間是當年 1 月 1 日到 12 月 31 日。

也就是說，如果前屋主是 8 月 5 日交屋，8 月 31 日的所有權人會是新買方，那麼今年的地價稅單就會寄給新買方，而 1 月 1 日到 8 月 5 日的地價稅，就會在買賣代書拆算時，讓前屋主先貼給新買方；同樣地，如果前屋主是 9 月 10 日交屋，8 月 31 日的所有權人依舊是前屋主，那麼今年的地價稅單就會寄給前屋主，由新買方貼前屋主 9 月 10 日到 12 月 31 日的地價稅。

可能有人想問，為什麼年底的地價稅要代書提前拆算，而不是等收到稅單時，再來分正確金額呢？這是因為，不是每個人都能輕鬆找到前屋主（新買方），更別說還是為了要錢這種事。俗話說得好，「見面三分情，不見面就要看交情。」能夠

一手交錢一手交貨的事，真的不用傻到拖著給自己添麻煩，多一事不如少一事。

不只一棟房子，我應該要有幾張地價稅單？

地價稅不像房屋稅以每一戶門牌開立一張房屋稅稅單，而是每一直轄市或縣（市）轄區內一張。舉例來說，如果我有五間房分別在中山、內湖、淡水、中壢、龍潭，就會有三張地價稅單。台北市一張，是中山、內湖兩處土地地價加總計徵；淡水歸新北市，有一張地價稅單；桃園市一張地價稅單，是中壢、龍潭兩處土地地價加總計徵。

除了確認總共有幾張地價稅單，再來收到稅單要記住的是，最多拖到幾號前繳錢，才不會被罰滯納金。地價稅是從 12 月 3 日開始計算罰金，由於地價稅的滯納金是每逾兩日增加 1%，所以 12 月 3 日和 12 月 4 日繳，都是加 1%；12 月 5 日和 12 月 6 日繳，都是加 2%，以此類推，最高加到 15%。

關於稅賦這種事，很多人都覺得太難了解，但如果多懂一點就可以少繳一點，又何必和錢過不去？聽過長輩繳了大半輩子的一般稅率，才發現自家一直符合「自用住宅」優惠的案例，總有人想問：「這樣之前多繳的錢，可以退回來嗎？」

這裡剛好一起回答：這種節稅優惠，政府都是提供給主動的人，有申請有，沒有申請就沒有，符合資格但沒申請，那麼政府也絕對不會阻攔你，多出一點錢來表現愛國之心。

另外，網路上有傳言，戶籍需要先掛進去一年，才能申請地價稅的自用住宅稅率？答案是不用，只要在申請前，戶籍已經掛進去就可以了。

最後，雖然地價稅的「自用住宅」原則上申請一次就好，之後如果戶籍沒有變動就不需要再申請，但如果你自己作死，申請成功後戶籍就遷出，之後被發現之前少繳，還是有可能被追稅唷！

test 地價稅隨堂考

問題：

Q1：每年申請地價稅「自用住宅」的最後一天是9月22日，還是9月21日？

Q2：今年買了新房子且在5月交屋完畢，今年的地價稅單會寄給前屋主還是我？

Q3：我在台北市大安區、萬華區和嘉義市各有一筆土地，今年會收到幾張地價稅單？

Q4：如果我的土地上沒有建築物，可以申請「自用住宅」稅率嗎？

Q5：「自用住宅」優惠稅率，一個人只能用在一間房子上？

Q6：地價稅單拖到幾號才繳，就必須繳交滯納金？

答案：

A1：9 月 22 日

A2：我

A3：兩張

A4：不行

A5：錯

A6：12 月 3 日

多年不用繳稅的老宅突然收到房屋稅單，竟是因為一台冷氣？

　　台灣中南部的夏天，對北部人來說真的是吃不消，這次回南部老家探親的家豪，額頭上的汗珠特別有感。坐在木椅上，望著天花板拚命旋轉卻又如同裝飾的吊扇，家豪只能抓把扇子，加減消消四方湧來的暑意。

　　說也奇怪，不知道是近年溫室效應增幅，還是中年後體重增加，家豪對氣溫的忍耐度越發下降。

　　相對於兩位老人家順口一句「習慣了」的笑意，家豪想起自己小時候回老家時，明明也算是很耐熱，現在卻如同蒸籠裡的小豬，只能叫苦連天。這讓他下定決心，要出錢幫阿公阿嬤訂一台大冷氣，也享受一下什麼叫涼快的夏天。

　　說幹就幹，家豪趁離開前，打點好師傅替老家裝一台「最大、最好的」，提供完信用卡資料便駛車返北。幾天後，冷氣安裝完成。由於老人家喝茶閒聊間順口炫耀，加上裝冷氣的動靜也不小，一時之間，這段孝孫送冷氣的舉動在老家鄰里也算

得上是美談。

只是幾個月後，這一段美談來了個小意外。

「阿豪，那冷氣很不錯啦！但是我們不用繳稅那麼多年，怎麼你一裝冷氣，隔年就收到房屋稅單，說要繳稅？」阿公從老家打電話來，疑惑地向家豪詢問最近突然收到的稅單。

房子住多少年以上就不須繳納房屋稅？

雖然故事聽起來像笑話，事實也不可考，但家豪的一片孝心被打折扣的原因應在於：房屋現值。老家的房屋現值原本應該是在 10 萬塊以下（各縣市免稅標準不同，此源於《房屋稅條例》第 15 條第 1 項第 9 款：住家房屋現值在新臺幣 10 萬元以下者免徵房屋稅。但房屋標準價格如依第 11 條第 2 項規定重行評定時，按該重行評定時之標準價格增減程度調整之），但由於加裝了冷氣，被認定提升了房屋的價值，超過原本免稅的門檻，稅單也就不請自來。事實上，有些人家裡收了幾十年房屋稅單，後來突然不用繳了，也可能是因為這類原因。

不過大家也不用太擔心，一般家用的箱型冷氣機屬於活動式設備，並不課徵房屋稅，只有中央系統型冷氣機才未被免徵。

對於房屋稅，一般民眾最常見的疑惑可能就是，自家老房子屋齡那麼高，折舊不早該折光了，為什麼還要繳交房屋稅？事實上，房屋稅的免稅規定和屋齡無關，而是依房屋評定現值及使用情形而定。房屋稅之稅基為房屋現值，稽徵機關應依據不

動產評價委員會評定之標準價格核計房屋現值，而標準價格之構成因子包括：房屋構造標準單價、耐用年數、折舊率及街路等級調整率等，每三年重行評定一次。詳細的計算公式如下：

房屋稅 = 房屋現值 × 稅率

房屋現值 = 核定單價 ×(1- 經歷〔耐用〕年數 × 折舊率) × 街路等級調整率 × 面積

核定單價 = 標準單價 ×(1± 各加減項之加減率)± 樓層高度之超高或偏低價

房屋稅「自住住家用稅率」的申請資格

同樣於地價稅，房屋稅也針對「自住住宅」有 1.2% 的優惠稅率，條件分別是：

❶ 供本人、配偶或直系親屬實際居住使用。

❷ 房屋無出租或營業使用。

❸ 本人、配偶及未成年子女全國合計 3 戶以內。

看到這，精明的人可能就想問，什麼叫作「實際居住使用」？目前實務來說，因為不可能有足夠的人力一一查核，還是會以看水電表為主，倘若半年內水電費都只付最低基本用量，那麼合理懷疑，這間房子應該不是「自住住宅」，實際並無人居住，優惠稅率會被拿掉。

房屋稅「住家用」稅率怎麼算？

《房屋稅條例》第 5 條第 1 項第 1 款提到：住家用房屋：供自住或公益出租人出租使用者，為其房屋現值 1.2%；其他供住家者，最低不得少於其房屋現值 1.5%，最高不得超過 3.6%。各地方政府得視所有權人持有房屋戶數訂定差別稅率。

以台北市來說，自 2020 年 7 月 1 日起住家用房屋稅率如下：

房屋使用情形		持有戶數	稅率
住家用	單一自住	全國 1 戶	相當稅率 0.6%（註1）
	自住用	全國 3 戶內	1.2%
	公益出租人出租使用	不限	1.2%（2020 年 7 月 1 日起相當稅率 0.6%）（註2）
	社會住宅包租代管	不限	相當稅率 0.6%
	其他住家用	公有房屋供住家使用	1.5%
		出租供符合本市社會住宅承租資格者使用，且持有主管機關核發之出租人核定函	
		經勞工主管機關核發證明文件之勞工宿舍	
		公立學校之學生宿舍，由民間機構與主辦機關簽訂投資契約，投資興建並租與該校學生作宿舍使用，且約定於營運期間屆滿後，轉移該宿舍之所有權予政府	
		公同共有，除共有人符合自住外	2.4%
		其他非自住　本市 2 戶以內	每戶 2.4%
		其他非自住　本市 3 戶以上	每戶 3.6%

▲資料來源：台北市稅捐稽徵處網站

〔註1〕：家戶持有全國單一自住並設立戶籍，且符合台北市都市計畫規定可作住宅使用的房屋，自 2020 年 7 月 1 日起課稅現值折減比率由 16% 提高為 50%（相當實質稅率由 1% 降為 0.6%），其現值最高折減額度為 750 萬元（即稅額折減上限為 9 萬元）。

〔註2〕：符合月租金收取不超過中央主管機關公告當年度社會住宅包租代管計畫簽約租金上限者，比照單一自住房屋，自 2020 年 7 月 1 日起課稅現值折減 50%（相當稅率 0.6%），其現值最高折減額度為 750 萬元（即稅額折減上限為 9 萬元）。

舉例來說，家豪和美娟結婚後，夫妻名下在台北分別有三間房和一間房，儘管房子真的都是爸爸媽媽、祖父母，還有求學住外面的兒子自住，但稅率上就會只有三間房可使用 1.2% 的「自住住宅」稅率，剩下一間則是得用 2.4% 的「非自住住宅」稅率。

問題來了，美娟後來看好兒子附近的學區市場，又多買了兩間房租給學生收租，那麼稅率又該怎麼算？這時，夫妻兩人手上的六間房，一樣會有三間房可使用 1.2% 的「自住住宅」稅率，但剩下的三間因為符合台北市三戶以上「非自住住宅」的條件，因此統統都得用 3.6% 的稅率。

我家樓下租給人做生意，還能算「住家用」稅率嗎？

除了用途單一的情形，比較常見的另一種問題就是家裡部分非住家用，譬如透天二、三樓自住，一樓租給人家做生意。那麼，房屋稅還能用「住家用」優惠稅率嗎？

答案是：可以的，但有算法。依《房屋稅條例》第 5 條第 1 項第 3 款規定，房屋同時作住家及非住家用者，應以實際使用

面積，分別按住家用及非住家用稅率，課徵房屋稅。但非住家用者，課稅面積最低不得少於全部面積$\frac{1}{6}$。

以前面的例子來說，就是一樓用營業用的 3% 稅率，二、三樓用 1.2% 的「自住住宅」優惠稅率。當然這都要提出申請，且稅捐處也會派人來現場查核現況是否屬實。

| 延伸閱讀 | 申請變更房屋使用情形申請書表及範例下載 |

https://www.etax.nat.gov.tw/etwmain/
etw212w/detail/4866555583098986186

▲若遇上政府網頁改版，請直接至「財政部稅務入口網」>書表及檔案下載>申請書表及範例下載>點選「房屋稅」找尋最新資訊

誰會收到稅單？當月 15 號是關鍵

房屋稅一年徵收一次，繳納期間為每年 5 月 1 日至 5 月 31 日止；課稅期間為前一年 7 月 1 日至當年 6 月 30 日為止，未滿一年，則按月依比例課徵。

由於房屋稅是依實際使用情形按月課徵，所以首先，如果有變更，應於變更之日起 30 日內向稅捐處申報；再來，變更以當月 15 號為基準日。

舉例來說，阿水家的房子 2 月收回來自住，想申請「自住住宅」的房屋稅優惠稅率，如果條件審過，辦理變更使用成功，

那麼變更日在 2 月 15 日以前，整個 2 月的房屋稅就會是 1.2%
的「自住住宅」稅率；相反地，變更日如果在 2 月 16 日以後，
那麼 3 月的房屋稅才會調成 1.2% 的「自住住宅」稅率。

另外，在買賣房屋上，房屋稅的分攤實務會以交屋日為認定
分擔基準，交屋前由賣方負擔，交屋後由買方負擔。買賣雙方
在契約中議定負擔方式，常見有兩種選擇：

❶ 向稅捐機關申請分單繳稅的方式，由買賣雙方就各自居住
的月份繳交房屋稅。

❷ 由一方先支付費用，另一方再補貼費用。

不只一棟房子，會有幾張房屋稅單？

房屋稅以每一戶門牌開立一張房屋稅稅單。家豪和美娟在台
北總共有六間房，就會收到六張房屋稅單。

再來，房屋稅單通常會在每年 4 月中旬後由各縣市、區
（市）公所平信寄出，如在 4 月 30 日前仍未收到今年稅單，
請不要開心地想說：「傅大說過，沒收到稅單就是不用繳，今
年自動晉級為免單，爽！」孩子，你可能只是漏信而已。

沒收到稅單的第一個標準動作，還是請先向區（市）公所或
該管稅捐稽徵處確認及申請補發。請記住！房屋稅到 6 月 3 日
開始計算罰金，每逾兩日增加 1%，所以 6 月 3 日和 6 月 4 日
繳，都是加 1%；6 月 5 日和 6 月 6 日繳，都是加 2%，以此類推，
最高加到 15%。

https://www.etax.nat.gov.tw/etwmain/
etw160w

▲若遇上政府網頁改版,請直接至「財政部稅務入口網」首頁右
上方,進階搜尋關鍵字「滯納金、滯納利息試算」找尋最新資訊

　　雖說是「房屋」稅,但課稅對象除了一般通稱的房屋,其實也包含其他供住宅、工作、營業等固定於土地上的建築物,以及有關增加該房屋使用價值之建築物,例如頂樓加蓋、車庫、出租營業用的地下室停車場等。

　　值得提醒的是,違建雖然也要課稅,但並不會因為你繳了幾十年房屋稅而變成合法建築物。有些人可能覺得,「老子建築物不合法,為何要合法納稅,這公平嗎?」只能說,你們不繳稅對其他人更不公平,所以這邏輯沒毛病。

　　最後,一般人最常把房屋稅的「自住住宅」優惠和地價稅的「自用住宅」優惠搞混的地方,就是:房屋稅並不需要設戶籍在房子裡。所以房屋移轉後,記得要檢查前一任屋主將該房屋作何使用目的,以免多繳稅而不自知。

房屋稅隨堂考

問題：

Q1：我把戶籍遷出去，這棟房子還能申請「自住住宅」的優惠稅率嗎？

Q2：美娟最後只買了一棟學區房出租，加上家豪，兩人名下共有五間台北的房子，房屋稅怎麼算？

Q3：同一間房子，房屋稅今年卻繳得比去年還多，這有可能嗎？

Q4：三樓透天厝，一樓隔了 ⅓ 給人擺攤做生意，這樣「自住住宅」課稅面積可以申請多少？

Q5：房屋稅單拖到幾號才繳，就得繳交滯納金？

答案：

A1：可以

A2：三間稅率 1.2%，另外兩間稅率 2.4%

A3：有，可能路段率調升或稅率調升

A4：⅚

A5：6 月 3 日

土增稅

一家四口想換房，
第二次買不同人名下，
真的有差嗎？

摸著肚子裡的二寶，秀英終於忍不住和先生宥廷攤牌，家裡要換大一點的房子，目前八坪一房一廳的格局，已經塞不下未來的一家四口。再者，當初兩人結婚就已經有共識，目前的局限空間只是過渡期，多存一點錢，未來再換一個理想的房子。

結婚七年了，每每秀英提出換房的想法，都被打回。宥廷心裡打著搬回老家的算盤，嘴裡卻用房市不好、多存點錢等各種理由打槍，儘管秀英也不是不知道老公以拖待變的盤算，但面對那句半哄半騙的「不然我們再等等」，也狠不下心來拒絕。於是這一等，一路從兩人世界等到一家三口，現在眼看又懷了二寶，為了孩子，也為了自己，秀英終於拒絕再聽宥廷的敷衍之詞，下了最後通牒：「我們必須在二寶還沒蹦出來前，找到房子！」

幸好，宥廷也知道自己理虧。一番激辯後，在宥廷的心虛及秀英一反常態的強勢下，兩人取得換房共識。

此時，另一個問題又來了。一同分攤房貸的秀英，為了給自己多一點保障，央求丈夫這一次房屋登記掛自己名下。這樣一人一次，好像也沒什麼不公平？但宥廷卻表示，只能買在自己名下，不然土增稅就不能退稅了。這讓秀英十分困惑，買在不同人名下真的有差嗎？還是，這只是老公的一面之詞？

土地增值稅是什麼？

為什麼會有土地增值稅？簡單來說就是我國平均地權裡所謂「漲價歸公」的精神，你不是憑自己本事讓土地價值上升的部分，政府就要課徵稅費，讓利益回歸全民。

土地增值稅＝土地漲價總數額＊稅率－（累進差額）

土地漲價總數額＝申報土地移轉現值－（原規定地價或前次移轉現值＊台灣地區消費者物價總指數／100）－（改良土地費用＋工程受益費＋土地重劃負擔總費用＋無償捐贈公共設施用地）

持有土地 20 年以下者（不含 20 年）：按土地漲價總數額累進計算 ×20％、×30％、×40％

持有土地超過 20 年以上者（不含 30 年）：就其土地增值稅超過原規定地價或前次移轉現值部分減徵 20％

超過 30 年以上（不含 40 年）：減徵 30％

超過 40 年以上：減徵 40％

◆稅級別第一級：土地漲價總數額超過前次移轉現值總額未達 100% 的部分。

土地增值稅＝土地漲價總數額 *20％

◆稅級別第二級：土地漲價總數額超過前次移轉現值總額 100% 未達 200% 的部分。

土地增值稅＝土地漲價總數額 *30％－累進差額（以消費者物價指數調整後之原規定地價或前次移轉現值 *0.1）

◆稅級別第三級：土地漲價總數額超過前次移轉現值總額 200% 以上的部分。

土地增值稅＝土地漲價總數額 *40％－累進差額（以消費者物價指數調整後之原地價或前次移轉現值 *0.3）

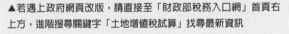

延伸閱讀｜**土地增值稅試算**

https://www.etax.nat.gov.tw/etwmain/etw158w/51

▲若遇上政府網頁改版，請直接至「財政部稅務入口網」首頁右上方，進階搜尋關鍵字「土地增值稅試算」找尋最新資訊

土地增值稅應徵稅額之計算公式	
稅級別	計算公式
第一級	應徵稅額＝土地漲價總數額【超過原規定地價或前次移轉時申報現值（按台灣地區消費者物價總指數調整後）未達百分之一百者】×稅率（20%）
第二級	應徵稅額＝土地漲價總數額【超過原規定地價或前次移轉時申報現值（按台灣地區消費者物價總指數調整後）在百分之一百以上未達百分之二百者】×【稅率（30%）-[(30%-20%)×減徵率]】－累進差額（按台灣地區消費者物價總指數調整後之原規定地價或前次移轉現值×A） 註：持有土地年限未超過20年者，無減徵，A為0.10 持有土地年限超過20年以上者，減徵率為20%，A為0.08 持有土地年限超過30年以上者，減徵率為30%，A為0.07 持有土地年限超過40年以上者，減徵率為40%，A為0.06
第三級	應徵稅額＝土地漲價總數額【超過原規定地價或前次移轉時申報現值（按台灣地區消費者物價總指數調整後）在百分之二百以上者】×【稅率（40%）-[(40%-20%)×減徵率]】－累進差額（按台灣地區消費者物價總指數調整後之原規定地價或前次移轉現值×B） 註：持有土地年限未超過20年者，無減徵，B為0.30 持有土地年限超過20年以上者，減徵率為20%，B為0.24 持有土地年限超過30年以上者，減徵率為30%，B為0.21 持有土地年限超過40年以上者，減徵率為40%，B為0.18

稅率速算表				
持有年限 稅級別	20年以下	20年以上～30年以下	30年以上～40年以下	40年以上
第一級	a×20%	a×20%	a×20%	a×20%
第二級	a×30％－b×10%	a×28%－b×8%	a×27%－b×7%	a×26%－b×6%
第三級	a×40％－b×30%	a×36％－b×24%	a×34％－b×21%	a×32％－b×18%

備註：
a：土地漲價總數額
b：原規定地價或前次移轉現值總額（按物價指數調整後之總額）

▲資料來源：財政部稅務入口網

因此，由前面公式來看，稅基「土地漲價總數額」簡單的舉例，就是賣房子時，可以用本次移轉公告土地現值（今年1月1日政府公告的數字），減去前次申報移轉現值或原規定地價（當初房子過戶後謄本上的數字）經物價指數調整後的數字為基礎，再減去你有付出辛勞而讓土地升值的其他部分。用前面算出的稅基，去乘以規定的稅率，就是土增稅要繳的錢。

　　另外，因為稅基是加減的遊戲，自然有人把腦筋打到了想辦法降低前項（申報移轉現值）的念頭。一般來說，雖然可以自行申報土地移轉現值，但自己報數字若是低於當期公告土地現值，政府是可以照價收買的。白話就是：既然你認為土地價值這麼低，那老子就用這金額買下你的地，所以真的別亂填。

　　稅捐機關能夠接受的申報移轉現值，通常是三種：

　　① **公告土地現值**：為每年1月1日地政機關公告之每平方公尺土地現值。

　　② **當前次移轉現值高於當期時，依前次移轉現值金額當本次申報移轉現值。**

　　③ **載於買賣合約的土地實際成交價格。**

　　好端端的，為什麼要調高本次移轉現值？其實這裡面眉角很多，拿上面第二種情況來說，這樣的做法優點是，賣方雖然同樣不用繳土增稅，但是買方就能在未來移轉時，減少土增稅。

小屋換大屋可以節稅？

提到土增稅，常有人說以小換大或小屋換大屋可以省稅，其實這就是在講所謂的「重購退稅」。也就是說，換屋如果符合條件，可以退回賣出舊房子繳納的土地增值稅，省下一筆錢。

那有人就想問了，一定要以小換大才能退嗎？其實這裡講的大和小指的並不是「實際坪數」，而是新買房屋的土地移轉現值總額，必須「超過」賣舊屋的移轉現值總額扣除所繳納土地增值稅，才能退稅，且最高只能退到上次土增稅繳納金額。

舉例來說，老王出售自用住宅 100 萬，繳增值稅 20 萬，隔年看上三棟新房，想選一棟：

① 第一棟，土地公告現值 130 萬：130 萬－（100 萬－20 萬）＝ 50 萬＞20 萬

所以，土增稅的重購退稅可以退 20 萬。

② 第二棟，土地公告現值 90 萬：90 萬－（100 萬－20 萬）＝ 10 萬

所以，土增稅的重購退稅可以退 10 萬。

③ 第三棟，土地公告現值 75 萬：75 萬－（100 萬－20 萬）＝－5 萬＜20 萬

所以，土增稅的重購退稅無法使用。

讓我們來看看，重購退稅包含的其他條件：

❶ 出售後重購土地須同一性質（賣自住買自住、賣自耕農地

買自耕農地⋯⋯）。

❷ 買房子和賣房子，土地登記名義人是同一個人。

❸ 地上房屋須為土地所有權人或其配偶、直系親屬所有，並辦好戶籍登記。

❹ 舊房子簽約買賣之前一整年都沒有出租或營業。

❺ 新房子的都市土地最大適用面積是 3 公畝，非都市土地最大適用面積是 7 公畝。

❻ 不管是先賣再買或先買再賣，期間都必須在 2 年以內。

目前修法後申請退還已納土地增值稅，請求權時效已延長為 10 年。特別要提醒的是，除了以上七點（加上前述：新買房屋的土地移轉現值總額，必須「超過」賣舊屋的移轉現值總額扣除所繳納土地增值稅，才能退稅），土增稅的重購退稅對新房還有一項特別要求：重購退稅的土地從買入後 5 年內，都必須作自用住宅且有戶籍登記，不能改變用途、出租他人或遷出戶籍，也不可以移轉他人，即使是夫妻之間贈與都不可以，否則就會被追繳原退還的土地增值稅。

回到前面的案例，由於土增稅的重購退稅，條件要求兩次買房所有權人都是同一人，宥廷說的新房也要買在自己名下就來自這個原因。除非宥廷先利用夫妻贈與，把第一間房過到妻子秀英名下，再來買賣房子，否則第二間房買在秀英名下，確實會少了重購退稅的機會，但這個問題當然是在有稅可以退的前提下。如果第一間房在蛋黃區，第二間房在蛋殼區，還真的是

要仔細算一算。

再者，方法雖然有，還是要提醒，稅法都是牽一髮動全身，雖然夫妻贈與可以申請「不課徵（遞延繳稅）」土地增值稅，還是會有契稅、印花稅、登記規費、代書費……為了安全感到底值不值得這樣做，可能還是得把計算機拿出來算一算。

土地增值稅也有「自用住宅」優惠？

前篇提到地價稅有自用住宅的優惠稅率，那麼有人就想問了，土增稅也有嗎？答案是有的，土增稅的「自用住宅用地優惠稅率」是 10%，分別有所謂的「一生一次」以及「一生一屋」。

「一生一次」適用條件

❶ 土地所有權人出售前一年內未曾供營業或出租之住宅用地。

❷ 地上之建物須為土地所有權人或其配偶、直系親屬所有，並已在該地辦竣戶籍登記。

❸ 都市土地面積未超過 3 公畝或非都市土地積未超過 7 公畝部分。

❹ 限一生一次。

❺ 自用住宅建築完成 1 年內者，其房屋評定現值須達所占基地公告現值 10%。

【隱藏版優惠】

除了上述五點，一生一次還有一個行內人暱稱的「隱藏版優惠」。

一生一次雖然有限次數，卻沒有限一次只能一間，所以如果你是個大地主，同時擁有多戶自用住宅房屋，且都符合自用住宅條件，可以規畫在同一天簽訂買賣契約，同一天到稽徵機關申報土地增值稅，只要面積加總在都市土地 3 公畝或非都市土地 7 公畝的範圍內，就可以同時適用自用住宅優惠稅率。

「一生一屋」適用條件

❶「一生一次」已經用掉。

❷ 出售都市土地面積未超過 1.5 公畝或非都市土地面積未超過 3.5 公畝。

❸ 出售時土地所有權人與其配偶或未成年子女，無該自用住宅以外房屋（包括土地所有權人與其配偶及未成年子女信託移轉之房屋。）

❹ 出售前持有該土地 6 年以上。

❺ 土地所有權人或其配偶、未成年子女於土地出售前，在該地設有戶籍且持有該自用住宅連續滿 6 年。

❻ 出售前 5 年內，無供營業使用或出租。

另外，一生一屋如同重購退稅，也可以先購後售，但必須在 1 年內賣掉舊屋。

換屋族土增稅三大優惠比一比

換屋減免土地增值稅的優惠			
內容	一生一次	一生一屋	重購退稅
土地稅法	第 34 條第 1~4 項	第 34 條第 5 項	第 35 條
稅率	10%	10%	退稅
限制條件 — 出售面積	都市 3 公畝	都市 1.5 公畝	重購面積 都市 3 公畝
限制條件 — 出售面積	非都市 7 公畝	非都市 3.5 公畝	重購面積 非都市 7 公畝
限制條件 — 設籍對象	本人 / 配偶 / 直系親屬	本人 / 配偶 / 未成年子女	本人 / 配偶 / 直系親屬
限制條件 — 設籍與持有年限	不限	連續 6 年	不限
限制條件 — 擁有房地戶數	不限	本人 / 配偶 / 未成年子女以 1 屋為限	不限
限制條件 — 無出租營業	出售前 1 年內	出售前 5 年內	出售前 1 年內
使用次數	1 次	不限	不限
新舊土地買賣價格	不限	不限	新購土地地價＞「原出售土地地價」扣除「已繳納土地增值稅」後餘額
備註	同時出售多屋視為 1 次	先購後售視為 1 屋，但須自登記日起 1 年內出售	退稅後 5 年內不得移轉或改其他用途
備註	同時出售多屋視為 1 次	1 屋包含信託移轉的房屋	先售後購及先購後售必須在 2 年內
備註			可以在 10 年內申請

如同表格所示，土增稅的重購退稅並沒有次數上的限制，但一生一次一人只能用一次，而一生一屋條件相對嚴格，所以是不是一買房就要用掉一生一次，其實可以先看看有沒有重購退稅的機會，進而判定是否要保留一生一次的機會，留作日後安排最有利的節稅規畫。

---

test 土增稅隨堂考

問題：

Q1：房子是爸媽贈與移轉給小孩，也可以用一生一屋土增稅的自住優惠嗎？

Q2：重購退稅一次只能使用一間房？

Q3：要使用一生一次，本人、配偶或直系親屬需要設籍在房子裡多久？

Q4：為了使用一生一屋，可以把部分房子先放在信託下嗎？

Q5：只要小房子換大房子就可以重購退稅？

答案：

A1：不可以，贈與非出售

A2：錯，只要條件符合且面積加總在限制內，也可以同一生一屋一樣，同時退好幾間

A3：如果是先賣再買，只要在簽約買賣前設好戶籍就可
以了；如果是先買再賣，買新房屋時，舊屋要符合
自用住宅的條件，包括設有戶籍

A4：不可以，房屋間數會合併計算

A5：不一定，要看新買房屋的土地移轉現值總額是否「超
過」賣舊屋的移轉現值總額扣除所繳納土地增值稅

裝潢師傅說開發票
就要加錢，這筆錢該省嗎？

2020 年的新冠肺炎，改變了全世界。市場上多到不知該往哪跑的資金，讓台灣的房市一路狂飆，也逼急了一些觀望房市的自住客，正愷就是一個標準的例子。

兩、三年的房市觀望，正愷等著房價下跌，可說是一路望眼欲穿。只可惜不是下手太慢，就是價差太多，抱著人口只會減不會多的想法，正愷等得倒也不疾不徐；只是時間一晃兩年過去，飆升的房價讓悠哉的他終於忍不住，這波再不上車，以後還買得起車票嗎？

下足決心加上之前累積的看房經驗，讓正愷轉念，終於買到了心中標準 70 分的房子；只是因為大家都在搶，他情急下把原先的裝潢預算挪了近 30 萬到買房預算裡。這逼得正愷牙一咬，打算自己當設計師請工班，想把價差補回來，卻在詢價過程中，碰到了一個令人猶豫的情況。

「老闆，我跟你說，我們這報價是沒有在開發票的啦！如果

你要發票，那就是總價再另外付 5% 的營業稅。」

「直接加 5%？會不會太多了！」

「你可以去問問看別家，我們這行都是這樣。這種你一問就知道，我沒有必要騙你。不然，你想好再跟我確認也行。」

掛上電話，正愷心裡打著算盤，5% 的營業稅，70 萬的木工水電費就要多加 3 萬 5，也是一筆開銷。聽說裝潢費可以抵房地合一稅，但也有人說如果自住夠久，課稅所得有 400 萬可以扣，這樣是不是就不用發票了呢？

先破題，原則上還是會建議正愷不要省這 3 萬 5 的發票費。

房地合一 2.0 怎麼算？

舉最單純的買賣來說：

房地合一稅＝課稅所得（稅基）＊稅率

課稅所得（稅基）＝房屋、土地交易所得－依土地稅法規定計算之土地漲價總數額－（交易日前 3 年內房屋、土地交易損失金額）

房屋、土地交易所得（或損失金額）＝交易時之成交價額－原始取得成本－因取得、改良及移轉而支付之費用

依中華民國境內居住之個人持有房屋、土地期間認定適用稅率：

持有期間在 2 年以內：45%

持有期間超過 2 年，未逾 5 年：35%

持有期間超過 5 年，未逾 10 年：20%

持有期間超過 10 年：15%

計算房地合一稅，有兩個很重要的關鍵，你可以扣除買時的「成本」，以及賣時的「費用」，包括：

可減除成本：

① **房子當初的買價（原始取得成本）。**

② **其他支出經提示證明文件者：**

包括取得房屋土地後達可供使用狀態前支付的必要費用（如契稅、印花稅、代書費、規費、公證費、仲介費等）、於房屋土地所有權移轉登記完成前向金融機構借款的利息，以及取得房屋後，於使用期間支付能增加房屋價值或效能且非兩年內所能耗竭的增置、改良或修繕費。

③ **依土地增值稅繳款書或免稅證明書所載「改良土地費用」**金額認定。

可減除費用：

房屋土地取得、改良及移轉而支付的費用，如交易時支付的仲介費、廣告費、清潔費、搬運費等必要費用，得提示證明文件減除之；未提示費用證明文件可以按成交價額推計的比率為3%，並增訂上限金額為新台幣 30 萬元。

另外，買房後的房屋稅、地價稅、管理費、清潔費及銀行借款利息等，不得列為費用減除。

以正愷來說，即使省了 3 萬 5 的發票費，未來賣房卻可能因此少了 70 萬的裝潢成本可以扣減。如果以兩年內賣屋的 45% 稅率來算，就等於多付了 31.5 萬元（70 萬 *0.45）。

更明確一點來看，假設正愷的花費如下：

買價：1000 萬

買房仲介費：15 萬

代書費、契稅、印花稅、規費：5 萬

裝潢費：100 萬（木工 40 萬、水電 30 萬、家具 10 萬、家電 20 萬）

買房後貸款利息：12 萬

賣價：1400 萬

賣房仲介費：25 萬

土增稅（一般稅率 20%）：3 萬（回推漲價總數額為 15 萬）

兩年內出售房子的房地合一稅算法：

（〔賣價－賣價 3% 的最高認列額度 30 萬〕－買價－買房仲介費－〔代書費＋契稅＋印花稅＋規費〕－裝潢費－土地漲價總數額）* 兩年內稅率

=（〔 1400 萬－30 萬〕－1000 萬－15 萬－5 萬－70 萬－15 萬）*0.45

　　為什麼裝潢費花了 100 萬，卻只能認列 70 萬？因為裝潢費能認列的前提僅止於「非兩年內所能耗竭」為前提，家具家電這些可以移動的東西不能扣。而選擇扣除 30 萬的費用，則是因為現有能扣除的賣房仲介費只有 25 萬，而 1400 萬的 3% 超過 30 萬，所以最高可以扣除 30 萬，自然選擇後者比較划算。

　　值得提醒的是，許多人在計算房地合一時，會誤以為按成交價額推計 3%（最高新台幣 30 萬元）費用扣除額和裝潢費扣除只能二選一；但如果拉回前面算式可知，由於裝潢費可以列在成本，因此並沒有二選一的困擾，而是兩者皆可使用。

延伸閱讀	個人房屋土地交易所得稅申報書及填表範例

https://www.etax.nat.gov.tw/etwmain/etw212w/detail/4898626592502107423

▲若遇上政府網頁改版，請直接至「財政部稅務入口網」> 書表及檔案下載 > 申請書表及範例下載 > 點選「個人房地合一稅」找尋最新資訊

什麼是「房地合一 400 萬自住優惠」？

　　同前面正憷疑惑的，如果今天買了房子住久一點，是不是就

會有自住優惠，而不需要裝潢發票？

首先，房地合一的「自住免稅」優惠，指的是課稅所得（稅基）400 萬元以內者免納所得稅，超過的部分按稅率 10% 課徵所得稅。

條件有三，分別為：

❶ 個人或其配偶、未成年子女辦竣戶籍登記、持有並居住於該房屋連續滿 6 年。

❷ 交易前 6 年內，無出租、供營業或執行業務使用。

❸ 個人與其配偶及未成年子女於交易前 6 年內未曾適用本項優惠規定。

裝潢發票費不要省，兩個原因告訴你

為什麼前面會說，就算打算長住，也最好不要省那 3 萬 5 的發票費？因為房地合一自住優惠的「持續 6 年」並不算是個容易的條件。畢竟，撇開人為疏漏，例如未成年子女第 5 年變成年、6 年「自住」變不連續等，會不會突然兩岸關係緊張，看壞房市想賣房；或家裡有狀況，需要換房和長輩同住等，也都是不一定。畢竟，時間一長，不可控的變因就多，實在不需要為省下相對少的發票費去賭大筆的稅費。

再者，繳稅本來就是國民義務，你幫助別人逃漏稅，反而增加自己稅賦，豈不蠢哉？

除了前面提的「自住房地免稅優惠」，課稅所得超過自住房地免稅額 400 萬元部分以 10% 稅率計算。房地合一 2.0 也維持了既有四種情況的 20% 特別稅率，分別是：

❶ 個人及營利事業非自願因素交易（例如：調職、房地遭強制執行）。

❷ 個人及營利事業以自有土地與建商合建分回房地交易。

❸ 個人及營利事業參與都更或危老重建取得房地後第一次移轉。

❹ 營利事業興建房屋完成後第一次移轉。

2016 年 1 月 1 日為抑制房價所實施的房地合一稅上路，奢侈稅也同步退場。由於短期移轉稅賦極高，讓當時市場上許多投資客哀鴻遍野。但時至今日，除了 2016 年 1 月 1 日前取得超過兩年之房地產賣出仍適用舊制，其餘房地產買賣已經都歸屬新制，在所有權完成移轉登記之次日起算 30 日內，就得向戶籍所在地國稅局申報。

由於自行列舉扣除的關係，導致房地合一稅的計算重在經驗，懂不懂會導致稅差極大，一個不小心就可能把小賺的物件變成賠錢。所以，想節稅，功課還是得做的。

房地合一稅 2.0 六大修法重點			
項目	說明		
短期套利者課重稅	延長個人短期炒不動產適用高稅率的持有期間		
	居住者	適用稅率	修法前持有期間 / 修法後持有期間

房地合一稅 2.0 六大修法重點			
項目	說明		
短期套利者課重稅	延長個人短期炒不動產適用高稅率的持有期間		
	居住者	適用稅率	修法前持有期間	修法後持有期間
	境內	45%	1 年以內	2 年以內
		35%	超過 1 年未逾 2 年	超過 2 年未逾 5 年
		20%	超過 2 年未逾 10 年	超過 5 年未逾 10 年
		15%	超過 10 年	超過 10 年
	非境內	45%	1 年以內	2 年以內
		35%	超過 1 年	超過 2 年
法人比照個人課稅	防止個人藉設立營利事業短期交易來避稅		
	營利事業依持有期間按差別稅率分開計稅 (45%、35%、20%)		
擴大房地合一的課稅範圍	增列 2 項課稅標的，防止透過移轉型態來避稅		
	▶交易預售屋及其坐落基地		
	▶交易持股 (或出資額) 過半數營利事業的股份 (或出資額)，且該營利事業股權 (或出資額) 價值 50% 以上是由我國境內房地構成		
土地漲價總數額增設減除上限	防止利用土增稅與所得稅稅率差異來避稅		
	課稅基礎＝房地收入－成本－費用－土地漲價總數額		
	土地漲價總數額減除上限＝交易當年度公告土地現值－前次移轉現值		
5 種交易不受影響	維持稅率 20%	▶個人及營利事業非自願因素 (如調職、房地遭強制執行) 交易	
		▶個人及營利事業以自有土地與建商合建分回房地交易	
		▶個人及營利事業參與都更或危老重建取得房地後第一次移轉	
		▶營利事業興建房屋完成後第一次移轉	
	維持稅率 10%	▶自住房地持有並設籍滿 6 年 (課稅所得 400 萬元以下免稅)	
適用日期	110 年 7 月 1 日起交易出售 105 年 1 月 1 日以後取得的房地適用房地合一稅 2.0 規定		

▲房地合一稅 2.0 六大修法重點一覽表（資料來源：財政部國稅局網站）

房地合一稅隨堂考

問題：

Q1：裝潢發票越多越好，反正房地合一可以報？

Q2：剛好兩年整賣房，房地合一稅率是多少？

Q3：公司把我從台北調到高雄，房子被迫在兩年內賣，這樣房地合一稅率是多少？

Q4：今天如果房子賣價 900 萬、賣房仲介費 25 萬，請問沒其他費用證明文件前提下，我可以在房地合一稅裡扣多少錢？

答案：

A1：裝潢費能認列的前提僅止於「非兩年內所能耗竭」為前提。

A2：境內居住者 45%

A3：20%

A4：900 萬的 3% 為 27 萬，比仲介費 25 萬高，所以選 27 萬。

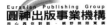

www.booklife.com.tw   reader@mail.eurasian.com.tw

生涯智庫 198

房市神秘客帶你看穿不動產裡的詐：
買房路上，你必須懂的31個人性陷阱

作　　者／傅恪恩
發 行 人／簡志忠
出 版 者／方智出版社股份有限公司
地　　址／臺北市南京東路四段50號6樓之1
電　　話／（02）2579-6600‧2579-8800‧2570-3939
傳　　真／（02）2579-0338‧2577-3220‧2570-3636
總 編 輯／陳秋月
副總編輯／賴良珠
主　　編／黃淑雲
專案企畫／尉遲佩文
責任編輯／溫芳蘭
校　　對／胡靜佳‧溫芳蘭
美術編輯／蔡惠如
行銷企畫／陳禹伶‧黃惟儂
印務統籌／劉鳳剛‧高榮祥
監　　印／高榮祥
排　　版／莊寶鈴
經 銷 商／叩應股份有限公司
郵撥帳號／18707239
法律顧問／圓神出版事業機構法律顧問　蕭雄淋律師
印　　刷／祥峰印刷廠
2021年11月　初版
2022年7月　3刷

ALL RIGHTS RESERVED

定價 340 元　　　　ISBN 978-986-175-643-1

◆ **很喜歡這本書，很想要分享**

圓神書活網線上提供團購優惠，
或洽讀者服務部 02-2579-6600。

◆ **美好生活的提案家，期待為您服務**

圓神書活網 www.Booklife.com.tw
非會員歡迎體驗優惠，會員獨享累計福利！

國家圖書館出版品預行編目資料

房市神秘客帶你看穿不動產裡的詐：買房路上，你必須懂的 31 個人性陷
阱 / 傅恪恩著 .-- 初版 .-- 臺北市：方智出版社股份有限公司 , 2021.11
　　　240 面；14.8×20.8 公分 --（生涯智庫；198）

　　　ISBN 978-986-175-643-1（平裝）
　　　1. 不動產業
554.89　　　　　　　　　　　　　　　　　　110016155